女・オルグ記

女性の自律と労働組合運動のすそ野を広げて

伍賀偕子

ドメス出版

はじめに

本書のタイトル『女・オルグ記』をご覧になって、「オルグって何？」という疑問をもたないかたのほうが少ないかもしれない。その質問に対して、「オルグとは労働組合のオルグです」と答えても、さらに疑問が深まるばかりかもしれない。「オルガナイザーの略で、日本語でいえば　組織者です」と答えを重ねても、いっそう困惑させてしまうに違いない。それほどまでに「オルグ」という存在は現在では遠いものとなってしまっている。

オルグという言葉自体が消えてしまったのかもしれないと思っていたところ、連合*（日本労働組合総連合会）の月刊誌『連合』№313（二〇一四年五月号）の特集「女性・非正規の力を労働組合に！」において、第一線で頑張っている女性たちの座談会を「職業はオルガナイザー　労働組合をもっと身近な存在に！」と題しているのをみつけ、いささか驚き、嬉しくなって、オルグの意義は今も共有されているのかと思った。

本論に入る前に、ここで「オルグ」について若干述べる。職業としての「オルグ」を配置する「オルグ制度」が創設されたのは、一九五六（昭和三一）年、労働組合の全国組織である元総評*（日本労働組合総評議会）においてである。「中小企業未組織労働者の組織化」のために、総評組合員一人年間一〇円の資金を拠出して、その任務に専念する「オルグ制度」を創設する提案で、制度の発足は難産だったようだが（一〇円の提案は三円になった）、全国九〇名の「中対（中小企業対策）オルグ」が誕生し、全国オルグと地方オルグに配属され、一九五九年には、「主婦対策オルグ」「青年婦人対策オルグ」が配置された。

そして、一九六〇年七月に、総評組合員の家族（配偶者）を対象に、「総評主婦の会」が結成され、この主婦対策オルグが、その組織化と活動を組織する任務に携わった。

総評のオルグ制度は、「総評運動の歴史的財産」と評価され、一九七六年には「全国の活動家・オルグの必読書」として、『オルグ』（日本労働組合総評議会編　労働教育センター一九七六年　二七〇頁）が刊行された。そこでは、大組織系列や企業意識にしばられない、オルグの自由な〝野武士集団〟としての縦横な活動と、一方で身分的には〝臨時工・社外工〟扱いの報われない不安定な存在であったが、彼らの犠牲的献身が総評労働運動を支えたと高く評価されている。中小企業労働運動や争議にともなう多くの困難に立ち向かい、日夜労働者を組織化する不屈の精神と終わりなき地道な活動に学ぶことが多い書である。

しかし、そのオルグ制度の〝片隅〟に配置された主婦対策オルグ、青年婦人対策オルグの位置づけや活動記録は、三〇〇頁近い大部の中の〝片隅〟にも記述されていない。たとえこの本が「中対オルグ制度発足二十周年」を記念して刊行されたものとしても、一片も記されることのない彼女たちの存在と役割は何だったのかという疑問が頭をもたげてくる。

もっとも、一九八九年に解散した総評の運動史においても、「主婦の会」運動自体が皆目記述されていない。

それを、当時の労働組合運動における「ジェンダー・バイアス」だと批判するのが、本書の趣旨ではない。一九五〇年代から八〇年代に、「主婦」が置かれていた背景や位置の中から、夫への従属的な位置をどのように脱皮して自律を求め、国民的運動の一翼を担うようになったのかの「総評主婦の会」の歩み、そして、その過程において「主婦の会オルグ」がどのように主婦らに接し、活動を通して「女性の自律と解放」を求めたか、その過程でオルグ自身も目覚め鍛えられていったかを、「女・オルグ記」として歴史に刻み、労働運動フェミニズムの視点から、その歴史的役割を検証したいというのが、筆者の願いであり、本書のねらいである。

「総評主婦の会」を結成する際の、総評側の位置づけは、「労働組合運動と国民的共闘の結節点＝結び目」、いわば、労働組合運動のすそ野を広げる役割を求めた。

とはいえ、当初のスローガン「合理化に反対し、お父さんのいのちを守る」「家計簿の赤字から春闘を支援する」にみるように、その活動の出発点は、あくまで労働組合の支援だった。

夫の賃金によって家族が養われる「家族賃金」を求めての要求だった春闘支援活動は、主婦が家計の赤字を埋める内職・パートに従事するなかで、「父さん賃上げ、母さん工賃引き上げ」のスローガンに示されるように、「働く主婦」としての自らの要求を掲げて、当事者自身の要求を自己主張するものへと変わっていった。さらに、これらの活動を通じて、彼女たちは暮らしのさまざまなひずみや矛盾に対して、そして、子どもたちをめぐる環境の改善など、地道に地域で活動するなかで、政治の仕組みや諸矛盾・理不尽さを生活者の視点から追及し、自らの生き方を追求する女性として、自己変革していく過程を歩んだ。

それらの過程に「主婦会オルグ」がぴったりと寄り添い、主婦たちの要求を組織化し、地域住民や広範な労働者・市民と労働組合運動の「結び目」となる運動体に転化させていくなかで、オルグ自身も学び、自己変革を遂げていった。職業としてのオルガナイザーとはいえ、最初から訓練されていたわけではなく、多くは主婦の会運動でともに学びあうなかで生み出された仲間であった。

残念ながら総評主婦の会の通史はなく、『総評主婦の会二〇年譜』『総評主婦の会三〇年譜』だけで、総評本体の運動史にも、内職大会以外に、主婦の会運動の記述や評価が記されていない。

このような資料に乏しい状態において、幸いなことに、山田和代（現・滋賀大学経済学部教授）の研究論文がある。

①「労働組合における2つの女性組織の位相――一九六〇年代の総評にみるその組織化と

『賃金問題』」『ジェンダー研究』第2号（東海ジェンダー研究所　一九九九年一二月）②「労働組合の主婦組織と『内職問題』——一九六〇年代『総評主婦の会』活動から」『筑波大学経済学論集』40・41合併号（二〇〇〇年）。

とくに②は、総評主婦の会の「内職・パート大会」の第一次資料に丹念にあたり、その進展過程を以下のように分析し、評価している。

当時の彼女たちの運動が、家族賃金イデオロギーの否定まで行きついたことを意味するものではない。主婦の会の存在自体、「夫の賃金によって家族が養われる」のを当然とする家族賃金イデオロギーを前提とするものである限り、その否定まで達することは困難だったといえるだろう。

と規定しながらも、

「労働者の妻」という当初の自己の定義から、自分自身が労働者という認識へ一歩踏み出したことも意味している。この点は運動主体としての重要な要素に数えられるのではないだろうか。

一方で総評運動に対しては次のように指摘している。

内職問題やパートタイム問題は労働運動の課題というよりも、「主婦」の問題にすぎない面をもっていたのではないだろうか。（略　引用者）高度成長期の女性の労働力編成のあり方を通じて生じる総評の組合運動、組織におけるジェンダー・バイアスの一つの表出を意味するのではないだろうか。

この貴重な先行研究に敬意を表し、また、運動の一翼を担った者の一人として、歴史に刻まれたことを喜びとしたい。

総評主婦の会の存立基盤は、あくまで「男性稼ぎ手モデル」のシステムにおける性別分業を前提にした「主婦」という立場であった。しかし、主婦の会の歩みをみていくと、第二次フェミニズムの高揚や、国連婦人の十年運動の影響を受けて、内職・パート大会第一四回（一九七八年）において、「男女平等と労働権確立をめざす」のスローガンをストレートに打ち出すようになっている。そしてこの年の総評主婦の会中央学習会（一九七八年六月八日）で、初めて「男女の役割分担をみなおそう」がテーマとなった。「お父さんのたたかいを支える」「家計を守る立場から賃上げ要求」から出発した総評主婦の会が、働く主婦としての当事者要求と権利を掲げてたたかう主体に立ったのである。男女雇用平等法制定要求過程では、「男女雇用平等」が中央学習会のテーマとなっている。

現在の労働運動にとって、低賃金で不安定な非正規労働者が圧倒的に増え、家族も構成できない厳しい状況下で、労働者の家族を組織した歴史がどれほどの意味をもつのかは、いささか懐疑的にはなる。しかしどのような困難ななかでも、当事者自身が声をあげ、自ら立ち上がりたたかって要求を獲得していく道筋を歩むことができるような社会を築くために、本書の記録がその一助となればありがたい。そして次代の人々とも広範な連帯とエンパワーメントしあう絆を形成していきたいと願うものである。

＊「総評」「連合」

「総評」は「日本労働組合総評議会」の略称。朝鮮戦争勃発直後の一九五〇（昭和二五）年七月一一日〜一二日に結成された。産別会議を中心とする共産党の組合支配への反発から「民主化同盟」（民同）が前年より各組合に準備されて、占領軍の強力なバックアップによって結成された。したがって、総評は、結成時には、朝鮮戦争に対して「北朝鮮の武力侵略反対」という態度であり、レッドパージに対しても消極的対応で黙認した。

しかし、先の大戦の悲劇を経験した職場労働者は再びしのびよる軍靴の足音に対して敏感であり、朝鮮戦争の「特需景気」をテコに復活してきた独占資本の労働強化や搾取に対して、たたかうエネルギーを高めていった。翌年三月の第二回総評大会は国連軍支持の旗を降ろして「平和四原則」を打ち立てた。

以降、総評は、日本の平和と民主主義を守る国民運動センター的役割を果たし、企業内組合として、職場の要求をくみ上げて組織する「職場闘争」を軸に地域共闘を全国津々浦々に築いていった。「ニワトリの卵からアヒルが生まれた」とダレス国務長官をして語らせたと伝えられるように、占領軍や財界の総評にかけた思惑は覆された。

結成当時は、二〇〇〇万人の雇用労働者のうち、約七二一万人が組織労働者で、総評傘下は約三七〇万人。当時、労働組合の全国中央組織は、他に全労、中立、その他（新産別）で、総評が最大で、五〇％を超える組織となった。

大阪でも、全国に先駆けて総評の地方組織である総評大阪地評（略称は地評だが、通称は大阪総評）が一九五一年二月九日に結成された。各都道府県の地評は、兵庫県評、山形県労評や愛労評（愛知）というように三類型ぐらいある。

総評は、労働戦線の再編統一により、一九八九年一一月二一日に解散して、「連合」（日本労働組合総連合会）に移行した。

女・オルグ記

——女性の自律と労働組合運動のすそ野を広げて＊もくじ

Ⅱ　総評主婦の会

装丁　市川美野里

Ⅰ　女・オルグ記

７名の主婦の会　地方オルグ　1998年8月
（野村かつ子『よき師 よき友に導かれて』
おもだかブックス　2005年）

1　総評主婦の会全国オルグ・地方オルグの配置

本書の『女・オルグ記』のタイトルは、「はじめに」で書いたように、総評が刊行した書『オルグ』に、女性オルグのことが一片も記されていないので、その存在と活動を歴史に刻んでおきたいという思いからである。

本章では、主婦の会全国オルグの活動と、その廃止、地方オルグの配置について述べたあと、七名の地方オルグの実践を記述した。そして、付属資料として、「総評オルグ制度の創設と変遷」を収録した。

「はじめに」で述べたように、総評のオルグ制度の一環に特別オルグ*として主婦の会オルグが設置された。それにともない、一九五九（昭和三四）年　野村かつ子、金井重子が総評主婦の会全国オルグとして総評本部に配置された。

野村、金井はすぐに「総評主婦の会」新聞発行に着手しながら、各都道府県の主婦の会協議会づくりの推進役を担った。次章Ⅱで述べる総評主婦の会の特徴的な運動は、この全国オルグの優れた先導があったから可能となったといえる。

総評主婦の会の存在と独自性を示す運動の企画・組織化——賃上げ要求の根拠となる独自の家計簿運動、二重米価制度の根幹である食管制度を守らせる「米価審議会行動」、そして、「内職大会」と家内労働法を作らせる運動などは、地方主婦の会活動の指針をつねに提起していた。

地方については、総評本部から当初九地評（後述）に主婦の会地方オルグの配置が提示され、具体的な人選は各地評にゆだねられて、その申請にもとづいて総評が任命して、賃金保障としての交付金が各地評に交付されるという方法で進められた。

全国オルグの金井重子については、「総評主婦の会」新聞第五号（一九六〇年四月一〇日）に「共立女子大学を今春卒業し、ファイトいっぱいの東北そだち」という紹介記事があるだけで、詳しくは情報が得られず、本書に記録できなくて申しわけなく思っている。

野村かつ子は多くの著書の中に、総評主婦の会全国オルグの経験についてのいくつかの記述があるので、筆者の記憶も含めて要約する。

＊特別オルグ　労農提携、失業対策、社会保障対策、一般合同対策、青年婦人対策、主婦の会、弁護団関係

野村かつ子

総評主婦の会全国オルグ

一九一〇（明治四三）年京都市西陣に生まれる。生家は、繊維の道具を売る小さな店だった。「私が小学校に入った年はロシア革命の年だった。京都の町の隅っこの西陣にも、なんとはなしに当時の空気が伝わっていた」「こんなに一生懸命に働いている人がみじめな生活をせねばならない世の中をかえねばならないと思うようになった」「学園の外では、大正末期のデモクラシーの風がヒューヒュー吹いていた」「時代の風は私の乙女心にも及んでいた」と「西陣から始まった私の思想形成」で述べている（野村かつ子『消費者運動・88年の歩み』おもだかブックス　一九九九年）。

同志社女子専門学校英文科に入学、在学中に結婚し、二児を出産。研究者の夫は結婚と同時

野村かつ子
（1992年2月 89歳）
『よき師 よき友に導かれて』の表紙
（おもだかブックス　2005年）

に肺結核に襲われ、四歳の男児と三歳の女児を残して助教授の地位で他界した。悲しみを越えて一九三八（昭和一三）年、同志社大学文学部に入学し（二児は実家と姉夫婦に預けて）、社会事業と倫理学を専攻した。「賀川豊彦・中島重（憲法学者）先生から受けた影響」「嶋田啓一郎先生との出会いと大学入学」と前掲書に記している。賀川イズムで結ばれた生協活動に意欲的に参加し、一九四三年空襲下の東京、江東消費組合に入り、戦後すぐに日本協同組合同盟（賀川豊彦会長）に書記として入った。消費生活協同組合法が一九四八年制定された。その後、主婦連合会や婦人職業協会の創設にも参画した。一九四八年から一〇年間、市川房枝率いる「婦人有権者同盟」の常任中央委員・政治教育委員長を務めた。「私が市川先生から受けたご恩は、『山よりも高く、海よりも深し』である」（前掲書）と。

野村を総評オルグに推薦したのは、日本社会党初代婦人部長の渡辺道子だったと、本人が述べている（野村かつ子『よき師 よき友に導かれて』おもだかブックス 二〇〇五年）。

総評主婦の会の目的・性格等の趣意書の策定は、野村の働きによると推定できる（野村のいくつかの論文から）。

数々の企画から組織づくり、活動家の養成、とくに会員が内職に追われて主婦の会活動に結集できないという現場の悩みに対して、「内職大会」を企画発案して社会問題化した、その柔軟な発想と資質の素晴らしさを今、改めて再認識する。

彼女の総評退職後の国際消費者運動での輝かしい活動において、主婦の会全国オルグの経験はどう位置づいているのか、本人の文章を引用する。

あの太田・岩井総評体制という日本の労働運動が、おそらく二度と再び再現しえないであろう二人の優れた指導者のもとで働き得た私はなんと果報ものだったろう。

それからまた、主婦会のおかあさんたちが、大学出の私を完ぷなきまでにすっ裸の人間にしてくれたこともありがたかった。当時はまだ、高等教育を受けていた主婦などは組織の中にはいなかった。しかし、彼女たちは、働く夫の職場の実態を知ることによって、資本の搾取、社会の矛盾というようなことを肌身で感じとり、心底、正義感に燃えて組合のスト支援に立ち上がった。忘れることのできないあの勇気と行動力は、三八年（昭和　筆者）、四五八人の夫の命を奪った三池炭鉱災害に抗議して、彼女たちをして坑内奥深くの地底に座らせた。これに類する例は、他にも沢山あった。その一つ一つのできごとは、私の薄っぺらな社会学の知識などを淡雪のように霧散《むさん》させ、私を裸の人間にしてくれた」

（「先駆的役割を果たした総評主婦の会」『私と総評　運動をささえてきた人々の回想』総評本部ＯＢ会編　労働教育センター　一九八五年）。

総評退職後も国際的な消費者運動において先駆的な活躍をしているが、それは本書のテーマでないので省略する。

総評退職直後は、東大社研の藤田若雄教授の争議研究の資料整理をしばらく手伝った。

二度目の訪米（初回は一九五〇年、アメリカ国務省の招待で日本婦人指導者代表団の一員として）でアメリカと世界の消費者運動に学び、世界の消費者運動の旗手ラルフ・ネーダーを日本に招聘《しょうへい》し、「日本消費者連盟」の活動や「国際消費者機構（ＩＯＣＵ）」との交流に尽力（ＩＯＣＵ名誉顧問）。「海外市民活動情報センター」を設立し、世界の消費者運動の情報と問題提起をし続けた。

太田・岩井両指導者のもとで働かせていただいた主婦会オルグの経験は、いまなお続いています。舞台は主として生協関係の普通の主婦層。ガットや国連で討議されている生活関連問題をからませながら、これらの主婦たちと共に、社会的・政治的・国際的開眼をどのようにして可能にしていくか、そしてどう行動していくかというのが、ポスト総評の私の一貫した軌道です（「あの日　あの頃　いま私は」総評ＯＢ会10周年記念誌　一九九二年三月）。

これらの先進的な活動実績に対して、一九九〇年に市川房枝基金援助大賞、九二年に東京弁護士会人権賞、九三年に農政ジャーナリスト賞、日本人で初めての韓国イルガ賞*公益部門受賞、という数々の受賞に示されるように、国際的に高い評価を受けている。内容ぬきに「受賞歴」だけを並べると叱られそうである（筆者はよく叱られて、現役時はどちらかというと敬遠しが

野村かつ子さんと筆者
（自宅にて　2002 年 12 月 92 歳）
『よき師 よき友に導かれて』に掲載

ちだったが）。

二〇〇二（平成一四）年一二月に野村先輩からお電話があり、長女の徳座晃子様と同居の世田谷区のご自宅を訪ねた。そのときは九二歳だった。たくさんの所蔵資料を見せていただき、「他にもいっぱいあるから、活用してネ」といわれて、あともう一度お訪ねした。その後は著書を頂戴するのみの不義理を続けていたが、一〇〇歳を数日前にして亡くなられた。

「何かを託された」気がしたまま、お別れとなったことが、ずっと胸につかえている。

＊イルガ賞　福民主義の提唱者で「韓国農民の父」と慕われたイルガ・キム・ヨンギ牧師の逝去時に同氏を記念して一九八九年に民衆の自発的拠出によって設立された基金。

2　全国オルグ制度の廃止と地方オルグの〝A県・B県〟問題

全国オルグ制度の廃止

一九六七（昭和四二）年、主婦の会の全国オルグに、総評組織局から「辞職勧告」が出されて、全国オルグ制度は廃止された。主婦の会役員や地方オルグにとっては突然のことであり、なす術《すべ》もなかった。理由は「事務局自立体制に踏み出すため」という名目であった（後述するが、この時期、総評オルグ制度の見直しがあり、青婦対策オルグも廃止されている）。

前掲の野村かつ子の手記（一九八五年）の最後は、次のように結ばれている。

最後に一つだけわからないことがある。四四（昭和　筆者）年の第十回主婦の会定期大会の前夜、突如、私と金井重子オルグに辞職勧告が出た。藪《やぶ》から棒で、二人はびっくりした。が、ともかく私は十年という区切りでもあり、それにいささか総評の労働貴族的雰囲気にもイヤ気がさしていたので、あっさり辞めてしまった。なぜ、辞職勧告なのか、いまでもわからない。

この全国オルグ廃止の時期については、『二〇年譜』『三〇年譜』（総評主婦の会）は、一九六七年、第八回主婦の会定期大会の項で、「全国オルグ制度が廃止され、事務局自立体制にふみだす」と記されていて、野村の手記と時期的なズレがあるが、実質的な事務局自立体制への移行まで、野村オルグが残ったと推定できる。金井オルグはすぐ埼玉県の地方オルグに移動した。

第八回大会で会長に就いた塚本すみ子の手記「苦しいことの多かった九年間」（前掲『私と総評　運動をささえてきた人々の回想』労働教育センター　一九八五年）から要約すると、

第八回主婦の会定期大会（一九六七年）で、全国オルグ二名が一名に、総評書記一名、主婦の会事務局長が半専従で担当、塚本会長が誕生した。翌年の第九回大会で野村全国オルグが退職。総評から、主婦の会会長を全国オルグに任命、給与は主婦の会財源にあてる（入れる　引用者）こととされた。（略　引用者）。一九七四（昭和四九）年全国オルグの資格をいろいろな事情で返上した。

「東京の一単組、主婦の会会長から一足飛びに全国の会長、推せんする人も人なら、いくら頼まれたからといっても、受けた私も私だったと思います」と冒頭に述べた塚本の手記は続く。

勉強不足の私は、各組織から呼ばれると、どんな質問が出されるかとビクビクでした。

「会長ならなんでも答えてもらえる」という期待感をもたれるつらさ、当時の私は、肩書の重さを痛切に感じる毎日でした。他団体との共闘の時は、とくに総評という名を意識し、発言の一言一言にも神経を使ったものです。（略　引用者）総評で過ごした九年間、今思えば苦しかったことの連続だったように思いますが、それ以上に総評で得たものは貴重なものでした。

「本部事務局の自立体制のため」という名目だったにせよ、人の進退がこのように決められる総評人事に疑問が残らないわけではない。これが男性ではなく、対主婦の会ゆえだったからだろうか。塚本会長の全国オルグ枠返上の後は、主婦の会全国オルグの配置はなくなった。

塚本会長の手記にもあるように、総評主婦の会の全国的な運動は、職業として配置されたオルグだけでなく、全国各地主婦の会役員らの献身的な努力によって継承されたことは、歴史の貴重な記録として特記したい。

〝A県・B県問題〟

主婦の会オルグ地方配置*は当初、九道都府県（北海道、東京、愛知、大阪、兵庫、愛媛、広島、山口、福岡）だったが、一九六七（昭和四二）年時点では、「オルグ配置（一〇県）と一万円交付（一九県）と、受けてない（一七県）が活動の部面で格差が出てきている」と報告されている（第三六回総評定期大会への組織局報告）。

その後、主婦の会オルグは、全体のオルグ制度ときりはなした交付金制度となり、その交付金にもA県・B県という格差があり、各地評でそれぞれ交付金を基礎にオルグの待遇を決めていたので、待遇は各地バラバラであった。

主婦の会オルグ団会議（年に一回開催）で、この格差はつねに話題となったが、未解決のままだった。

＊「総評主婦の会」新聞63号（一九六六年一〇月一日）によると、以下の通り記載されている。

・オルグ配置一一＝北海道、東京、愛知、兵庫、広島、山口、愛媛、山形、福岡、（長崎・大阪は人選未定）。

・一万円交付金一六＝秋田、宮城、群馬、神奈川、栃木、新潟、富山、静岡、滋賀、京都、岡山、香川、大分、熊本、鹿児島、埼玉。

3　各地の主婦の会オルグの実践

総評第一二回大会（一九六二年）方針で、オルグ三〇〇名中主婦の会オルグ一一名配置が確認されている。内訳は、全国オルグ二、北海道、東京、愛知、大阪、兵庫、愛媛、広島、山口、福岡の地評で、この方針にしたがって、主婦の会オルグが配置されていくが、人選には、各府県とも苦労したようで、総評第一五回大会組織部報告（一九六五年）によれば、主婦の会オルグの条件にかかわって次のような記述がある。

主婦会オルグの条件（家庭生活の経験がある。働く条件にある。社会運動や労働運動を理解できるなど）を完備した婦人オルグを見出すことは容易でない。しかし、主婦会の会員の中には、週二〜三日ならオルグで活動してもよいという条件の、優秀な会員もいる。これらの会員をオルグに準ずるものとして、総評が採用し、半専従者制を設けてはどうかとおもう。

各地方に配置された主婦の会オルグのうち、以下の七名（七名とも各地評では婦人対策オルグを兼務）の活動について、筆者の聞き書きをもとに残存する資料を補足して要約する。

•古井芳江（東京）•柏倉正子（山形）•舘富美子（愛知）•中村征子（岐阜）
•井上甲（滋賀）•吉川あき子（兵庫）•伍賀偕子（大阪）

地方オルグ一一名がどのような経緯でその職務に就いたのか、当初からオルグという職業に就いたのか、主婦の会運動のなかから見出されて就いたのか、定かではない。

また、「婦人対策オルグ」については、次節に記述する七名の主婦の会オルグはすべて地評では婦人対策を兼務しているが、県によって「青年婦人対策オルグ」として男性オルグが配置されているところもあり、総評オルグ制度に登録されている「婦人対策オルグ」は、筆者の記憶では、福岡だけが、主婦の会オルグと婦人対策オルグを別々に配置していたように思う。

主婦の会のオルグ団会議が、毎年一回開催されていたのに対し、婦人対策オルグ団会議が招集されたことは、筆者の記憶では一度もない。

婦人対策オルグの任務は、婦人労働者の組織化、県評婦人部の設置と婦人労働者の要求実現をはかる任務であった（県によっては、県評婦人部がつねに活動しているとは限らず、多くは〝役員の担い手がいない〟という悩みを抱えていた）。

「七夕会」で再会

これらのメンバーは、年に一回、七月に「七夕会」と称する一泊交流会を続けていて、いちばん最近では二〇一五（平成二七）年七月に六回目を山形で開催した。

総評が解散して二〇年後の二〇〇九年、古井芳江の呼びかけで再会し、一年に一回もちまわりで開催している。一番年長で遠出が無理になった吉川あき子宅の近場である兵庫県有馬温泉で開催した年は、息子さんご夫婦の送迎で一泊し、いつもは口が重く小さな声の吉川がやや興奮気味に自分から声を張り上げて話し込んだのが印象的だった。二〇一五年はいちばん北に居住する柏倉が足の痛みで遠出が無理ということなので、山形県上山《かみのやま》温泉で交流し、杖をつきながらも駅まで出迎えてくれた柏倉の地域でのつながりを実感しながら、みずみずしいサクランボをほおばった。

一年に一回だけの交流だが、生涯をかけた活動でつながった絆は、お互い大切なもので、子育てや夫との関係などの家庭建設の話から、現在の社会状況と対抗勢力への期待と苛立ちにいたるまで、話は尽きることがない。最近は、健康維持の努力と励ましも話題に加わった。

二〇一三年に、「女・オルグ」の記録を共同作業で歴史に残しておきたいという筆者の思いをこの「七夕会」に提案したが、「今は高齢化して、記録も記憶も不確かで、協力はするが、自分で書くのはむつかしい」「労働組合運動が様変わりしていて、私たちの活動記録が今役立つだろうか」という返事が返ってきたので、筆者の個人作業となった。もう少し早く提起していれば、自分史を執筆してもらえたのにと、提案が遅れたことが残念でならない。

「七夕会」の三回目ぐらいから、総評本部婦人対策部書記だった宮崎冨士江、加藤久美子が加わり、今回の筆者の提案に対しても、資料探しなどを自らかってでて、東京での古井への聞き書きに同席し、テープ起こしも手伝ってくれた。

各自の全人生のヒストリーを記述するのは筆者の力量からはおこがましいので、「女・オルグ」としての特徴的な活動をピックアップするにとどめる。

「労働組合運動と国民的共闘の結節点」＝結び目、いわば労働運動のすそ野を広げる活動、女性たちの組織化と意識改革の過程を中心にまとめることにしたい。

ほかにも北海道、福岡県をはじめ各地で先駆的な活動をされたオルグの方々がいらっしゃるが、取材、記述の対象が、主婦の会解散時近くまで任務に就いていて、筆者との交流が続いていた人に限定されてしまったため、それらの方々の活躍を記し得ないことは、大変心苦しく残念に思っている。

扉の集合写真は、一九九八年七月、山本まき子総評婦対部長死去に際して、同年八月和歌山県にお参りしたときの写真である（撮影は舘のカメラで通行人に依頼）。

左から　中村征子《いくこ》（岐阜）　舘《たち》富美子（愛知）　井上甲《きのえ》（滋賀）　古井芳江（東京）　伍《ご》賀偕子《かともこ》（大阪）　吉川あき子（兵庫）　柏倉《かしわくら》正子（山形）の七名（野村かつ子『よき師　よき友に導かれて』おもだかブックス　二〇〇五年）。

古井《ふるい》　芳江《よしえ》

東京地評主婦の会オルグ

二〇一五（平成二七）年二月二二日に聞き書き（宮崎冨士江・加藤久美子・筆者　於東京）した内容を、加藤が丁寧にテープ起こしした記録があるが、それをもとに筆者の感想や資料を加えて要約（最終確認　二〇一五年七月五日　於 山形「七夕会」にて）。

古井　芳江
（1981年7月 48歳）

オルグに就いた経緯

地域を重視するという方針からは、おひざ元の東京地評に専従オルグを配置することが、重要なポイントとなることは容易に推察できる。

勤務していた紡績工場の寄宿舎（六〇〇人余）を中心に、食事改善はじめさまざまな要求を組織化し、盆踊り大会に着る浴衣《ゆかた》づくりやフォークダンスなど、女性たちの組織化にリーダーシップを発揮して注目され、全繊同盟の寄宿舎対策委員にと請われて就いた。会社は閉鎖になったが、荒川区労協（荒川地区労働組合協議会）の青年たちとの交流の中でも目立った存在となり（この中から知り合った男性と結婚）、職安の紹介で臨時工になった民間会社でも、トイレの中で首切りの話を聞きつけ、当事者たちで、「むつみ会」という組織をつくって人事課に押しかけ、撤回させた。その矢先、一九六三年五月に、サークル活動で知り合った大先輩から、総評が女性の活動家を必要としているので、ならないかと強く勧められ、何度も自宅を訪ねてこられた。七月に総評のオルグ試験を受けた。七名が受験して三名が採用された。試験は、「ILOとは」とか、いくつかの質問に簡単に記述するものだった。夜中に電報がきて「アス9ジ　ジョウキョウサレタシ　ソウヒョウ」というので、翌日出ていくと、総評地方オルグとして東京地評に配属、今すぐ学生会館へ行くように指示された。そこでは総評主婦の会第四回大会が開催されていて、それが初出勤であった（東京地評主婦の会オルグとしては二代目）。

総評が主婦の会オルグ制度を交付金制度にしたとき、地評主婦の会の役員の人たちが自主的に集まって、地評に対して地評のオルグとして採用するよう申し入れ、地評オルグ団からも、同趣旨の要請があって、東京地評に正式に採用された。名刺は「東京地評主婦の会オルグ、婦人対策オルグ」となった。

特徴的な実践

一九三三（昭和八）年、東京・江戸川区で次女として誕生。父が亡くなったので、和裁学校をやめ、最初に就職した紡績会社で、寄宿舎の改善要求に取り組んだ。まず食事改善。食器がアルマイトで、汁ものを入れると熱くてこぼしてしまったら、もう一枚食券を出さないと食べられなかった。最初の改善はこれ。

盆踊り大会は、外の男性と接点をもつ唯一の機会。浴衣を着たいが安い給料では買えないので、自分で縫った浴衣を着ようと、浴衣の縫い方をみんなに教えて取り組み、正月に着物を着て帰郷したい人には、肌襦袢《じゅばん》からコートまで徹夜で教えて縫った。和裁を勉強していたことが、人のつながりをつくるのにすごく役立った。

「すずめ会」というサークルをつくって、フォークダンスなどの文化活動をしたが、文化活動ばかりもしておれないと、「ちどり会」という勉強会もつくった。図書館で『資本論』を借り、中身をピックアップして手づくりテキストで勉強したというから驚きである。

「むつかしかったけど、唯物弁証法の説明が大事やと思ったので」と（当時『資本論』や『経済学教科書』を読む会が全国的に組織されていたそうである）。

この学習会には三〇人ぐらい集まっていた。そうこうしているうちに、荒川区労協の青年婦人部づくりを手伝ってほしいといわれ、準備委員となった。ここで、夫となる男性と知り合った。結婚は一九六〇（昭和三五）年九月で、翌年息子を出産。

出産後職安の紹介で、アルミサッシの会社に臨時工として就職。団地から募集されて働いていた女性一八名の首切りを、たまたまトイレの中で耳にしたので、日曜日、子どもをおぶって団地を訪ねて話し合い、「むつみ会」という組織をつくって、人事課におしかけた。「この人を辞めさせるなら私たち全員を切りなさい」といって、結局撤回させた。

このようにどこに居ても組織者となる素質を見込まれて、総評主婦の会オルグとなった経緯は、先に述べた通りである。「東京だから、本部にいわれるままに、地域に受け皿をつくっただけで、他府県みたいに独自のことはしてない」と謙遜《けんそん》して、多くを語らない。

社宅をまとめることに、重点をおいた。手始めの活動は、共同購入活動。じゃがいもや餅。千葉県成田の餅で一キログラムののし餅を二〇年以上配送した。本州製紙の社宅で七〇〇枚、東京交通労組は支部で取り組んだ。年末の仕事休みに、毎年一〇キログラムの餅をもって階段を昇り降りした。この共同購入づくりが、選挙のときには支援母体に結びついた。

地評主婦の会から、区会議員・市会議員九名が誕生している。

大衆行動に出てくると、本人の意識が芽生えるので、本部の提起は下請けとは思わないで、地評主婦の会あげて盛り上げることに努めた。そこから活動家が育っていき、次へとつないでいった。総評主婦の会の歴代本部役員は、このような東京地評主婦の会の地道な取り組みと古井の掘り起こしのなかから輩出されたといえる。

第八回主婦の会大会で全国オルグの野村・金井が退いたあとは、古井が本部役員の成長を支えたといえるし、第一七回大会以降は、全国幹事となって、ますます重要な役割を果たした。本部だけでなく、地方オルグにとっても、ネットワークの要《かなめ》の役割を果たした（今回聞き書きしたオルグの交流会「七夕会」も、二〇〇九年、古井の呼びかけだった）。

地評主婦の会独自の行動で特筆するのは、一九六五（昭和四〇）年六月、エプロン姿の主婦三〇名が東京駅八重洲北口で「原水爆禁止」の街頭行動に取り組んだことである。五〇〇〇枚のビラ配布と、たどたどしいお母さんたちの呼びかけに足を止める人もしだいに増え、一時間半で署名七三八二筆、カンパ八万九四〇〇円の協力が得られた。この成果を地評政治部に託し、その後は主婦の会からも広島の原水爆禁止大会に毎年代表を送り続けた。

婦人対策オルグも兼ねていたから、当初は保育所づくり協議会をつくって保育所づくり運動を中心に、地域の運動を展開した。総評本部の大衆行動を地元で支えることは婦人部も同様だったが、地評婦人部の活動家は、総評本部の運動を担っているという意識だから、「東京地評婦人部の〇〇です」と名乗る人はあまりおらず、「〇〇単産の〇〇です」と名乗ると古井はいう。しかし、中央単産の婦人部役員の何人かを東京地評から輩出したことも事実である。

均等法制定直前の一九八三年冬、総評婦人局が全国行動として、労働省横屋外座り込み行動を二カ月にわたって展開したが、「婦人局が頑張っているのだから、主婦の会としてもできることを」と、毎日寒空に震えながら座り込んでいる人たちに、温かい豚汁で応援することを自発的に発案し、地評幹事会で特別予算を獲得して、主婦の会が連日実行した。行動が終わった後、山野和子総評婦人局長が地評にお礼にきた、と。総評婦人局が中央行動を提起するときは、必ず事前に断りと具体的な相談があった。

聞き書きをしていて、根っからのオルガナイザーだと改めて驚嘆した。印象に残っているエピソードは、最初の職場である紡績会社の寄宿舎で、お金が盗まれた事件があり、誰だろうかと噂話が囁《ささや》かれていた。古井が「犯人探しはやめよう。本人も心が痛んでいるはずだから」と言って、「困っておられます。どなたかお金をもっていかれた方は、この箱に返してください。責めませんから」という紙を貼り付けた箱を全トイレに置いておいたところ、ほどなくお金が戻っていた、という話。いつもどうすればみんながまとまれるかと考えていた、と。

一九六五年に第二子を出産したが、実母が「子どものことなら、私が見るから」と助けてくれた。長男は交通事故、その後肝臓がんのため三二歳で亡くなった。息をひきとるとき、「お父さんとお母さんの子どもに生まれて幸せだったよ」と。

柏《かしわ》倉《くら》　正《まさ》子《こ》
山形県労評家族会オルグ

柏倉　正子
（2008年9月 78歳）

オルグに就いた経緯

山形県の製糸工場で懸命に働いて、「教婦」（技術指導員であり、末端管理者でもあった）の位置に就きながら、労働組合でも女子のリーダーシップを発揮していた実績を評価され、いったん退職して実家に帰っていたなかを、一九五五（昭和三〇）年に「全蚕労連」（全国蚕糸労働組合連合会）の専従オルグに引っ張り出された。約一カ月本部で基礎学習を受けて、山形県蚕糸労連を結成する任務に就いた。

当初は山形県労評（山形県労働組合評議会）事務局に机と椅子を置いてもらう居候的存在

だった。中小の繊維労働者の組織化にのりだし、寄宿舎に泊まり込んでストライキに取り組み、女性労働者の信頼を得ていき、県労評婦対部の事務的な任務も引き受けるようになった。官公労働者が中心だったが、民間企業では、繊維が早くから組織化に着手していて、二〜三年後に医労連が組織化に取り組み、寄宿舎自治会を結成したりして民間同士の交流を深めた。

一九六〇年に総評主婦の会が結成され、山形では、一九六九年三月三〇日に県労評家族会が六単産で結成されており、準備のために、六六年より柏倉が主婦の会オルグに就いた。

『山形県労評三十年史』（山形県労働組合評議会　第一書林　一九八三年）によれば、一九六六年九月の県労評第一六回定期大会に「総評主婦会オルグ一名配置」と記録されて、柏倉正子の名が明記され、出身組織は繊維労連（日本繊維産業労働組合連合会）とされている。第一九回定期大会（一九六九年）以降からは、出身組織は、全逓家族会となっている（夫が全逓組合員のためか）。

特徴的な実践

自筆も含めて掲載されているいくつかの文書をつなぎ合わせ、往復書簡と電話で確認。（最終確認　二〇一五年七月五日　於 山形「七夕会」にて）。

一九三〇（昭和五）年　山形県白鷹町荒砥に誕生。

一九四五年四月、満一四歳で「産業戦士」として日本蚕糸N工場に職安から配属された。落下傘用の布地生産の仕事だった。敗戦後もそのまま職場に残留。「女工哀史」の名そのままの長時間労働・劣悪な労働条件の中で歯をくいしばって働き、「教婦」となる。繰糸工に慕われて、組合総会で役員に選ばれ、寄宿舎自治会会長にも選ばれた。ここでの彼女の活動と学んだことは、『結婚退職後の私たち〜製糸労働者のその後』（塩沢美代子著　岩波新書　一九七一年）に詳しく紹介されている。

実家から結婚をせかされて、いったん退職して実家に帰っていたなかを、一九五五年に「全蚕労連」の専従オルグに引っ張り出された。約一カ月本部で基礎学習を受けて、山形県蚕糸労連を結成する任務に就いた。村の共同浴場に入って、みんなの話を聞きながら、めぼしい人を探す努力を重ねた。寄宿舎に泊まり込んで組合つぶしと会社解散攻勢に抗してたたかった経験や、組合分裂の中で第八波ストまでたたかいぬき、少数の第一組合が涙をのんだ苦い体験などの苦闘の歩みについて、『東北の40年』（繊維労連東北地方支部40年史　一九八九年）に彼女が「繊維労連は私の誇り」の文を寄稿している。会社のアカ攻撃により、娘に泣きながら組合脱退を強要する親に対して、「教え子を戦場に送るな」のスローガンのもとにたたかっていた地元の先生がたが「銃を取るばかりが戦争じゃない。こんな冷たい牢獄みたいなコンクリートの中で、賃金ももらえず、食うや食わずで働かなければならない職場、ここも戦場と同じだよ」

としみじみ語り、親の信頼を得ていった話が記されている。

二頁ほどの短い組織化の思い出のなかに記されているのだが、よほど彼女の魂に刻まれたのだと思う。それは、県労評のオルグになってからの活動でも、活かされた。

前掲の『山形県労評三十年史』年表には、毎年の山形県母親大会の開催がきっちり記録されている。母親大会初期の頃は、地方では、労組家族会が大きな推進力になっていて、山形でも同様だったが、七三年に「母親大会分裂」の見出しが特記されている。中央の母親大会は、六〇年代半ばから組織対立が生じていたが、山形では「県労評が中央と切り離した地域運動としての側面を重視してきたこともあって、混乱を回避してきた。ところが、この年になって新日本婦人の会などがセクト的な態度を強め、従来県労評が出していた助言者団も認めないなどの決定を行ったため、混乱が生じることとなった」紆《う》余《よ》曲折《きょくせつ》を経て、県労評は、新日本婦人の会等の一部団体のみで一方的に強行しようとする動きに対して、「共闘の原則を自ら踏みにじるもので、県母親大会の歴史を冒瀆《ぼうとく》する分派行動といわざるをえない」として「分裂行動に参加しない」という指導を行った。母親大会の生みの親ともいうべき県教組も不参加を決め、傘下の大部分の労組も不参加を表明、と記述されている。

山形県母親大会を何年もかけて地域の広範な人々に広げる地道な活動を、県労評家族会が担ってきたなかで、この「分裂」に心を痛めたことだと思う。

主婦の会活動の大きな柱として、内職・パートの問題があったが、山形県労評家族会はとくに地域に根を張った取り組みを進めた。その取り組みが『月刊総評』婦人問題特集号（一九七八年三月）に掲載されている。報告者はもちろん柏倉である。その報告を要約すると、

山形県労評家族会の調査では、一九七七年一〇月時点で、パート時給三四一円、一日六時間、日収約二千円（二一日稼働）、おもな職種は、一般事務二三％、食品加工一九％、店員から学校給食まで幅広い。内職はもっと低くて無権利状態。

山形音響㈱（雇用労働者一八〇人、家内労働者五九人）が一九七七年六月に倒産。一カ月半の未払い工賃が約一〇八万円あり、家族会の内職大会に参加した内職者から「本当に払ってもらえるのか」の相談があり、参議院議員選挙の最中だったが、家族会の役員で手分けして調査を開始。家内労働手帳もなく、社長の名前すら知らない内職者を相手に名簿をつくるのは、時間のかかる作業だった。債権者会議では、労働者の賃金は優先債権扱いなのに、内職工賃は未払いがあることさえ報告されていないという。家族会とともに上山地区労も組織をあげて取り組み、「山形音響内職者の会」を結成。不安をかかえながら、子ども連れの母親たちがせっせと集い、三回の全員集会をもって、家内労働法の学習もして、入院してしまった社長との交渉ももち、三カ月余りかけてやっと全額払わせることが

できた。

山形音響では未払い工賃を獲得したが、不況下で次々倒産が続くたびに工賃不払いの内職者の顔が浮かぶ。私たちは内職運動を家族会のカラに閉じこもった運動としてはいけない。三年ほど前から、住宅地やスーパーの近くに「内職パートの賃金は一時間四五五円を獲得しよう」の看板を立てて、呼びかける地区がある。最上地区家族会では、独自の内職調査をやり、地区労の家族を対象に懇談会を開き、監督署や自治体交渉も近く予定している。県労評家族会でも、組織のあるところはもちろん、一人で内職しているお母さんたちに、「第九回内職懇談会」を呼びかけている。

総評主婦の会の「内職・パート大会」の取り組みは、このような地方での地道な取り組みに支えられていた。

さらに、家内労働問題への労働組合の取り組みについて、彼女はこう述べている。（以下『私と全蚕労連・繊維労連』への柏倉正子の寄稿「今も東北の片隅で」 繊維労連退職役職員の会編 労働教育センター 一九八六年）

労働組合は、やはり、自分たちの問題解決が先で、最底辺の家内労働にまで手をさしのべる余裕などなく、行政もまた、雇用労働者の問題が解決したあとで、時間と予算が残れば、「家内労働の問題」をとり上げるという状態で、黙っていると、格差は広がるばかりである。そういう状況のなかで、家内労働者の問題にいち早く、真剣に取り組んだ組織は繊維労連であり、今もその問題にかかわりをもつ一人として心から敬意を表している。

一九七五年の国際婦人年以降、婦対部とともに「男女平等」のための取り組みを共同で行った。その過程で、自分の子どもたちを「男も女も対等であり、食べること着ることももちろん、自立した人づくり」に努力をするようになった。

一九八九年八月、県労評家族会結成二〇周年特集号の機関紙「山形家族会」では、「内職運動を重点に」が表面の大見出しとなっている。

裏面は二〇周年にあたって県労評家族会役員の座談会の記録が要約されている。運動の中で意識が変わってきたことを次のように語っている。

A「家族会結成二〇周年の年に参議院選挙で勝って最高に嬉しいね」

B「前から女の人が目覚めなくてはいけないといわれてきたが、今回実現した気がするわ」

A「選挙のとき、今までは夫のいうなりだったのが、今は女自らが『私は〇〇だ』とか『私の自由よ』というようになったね。歩いてみてつくづくそう思った……」

C「お父さんがよという言葉が聞かれなくなった」

柏倉「そうね。今までだと一軒の家に何人有権者がいても、世帯主宛の一枚のハガキですんでいたのが、今回は、もっときめこまかく一人ひとりにお願いしないと票に結びつかなかったものね」

さらに、注目するのは、「新しい第一歩を‼」の見出しで、総評と総評主婦の会の解散にふれて、「今後は、その組織（主婦の会東北ブロック連絡会　筆者注）を大事にしながら、今迄の運動を受けついで、自立した第一歩を大きく踏み出さなくてはならない」という主張である。解散後数年間、この東北ブロックの連携は続き、人間的な絆は今も続き、相談がいまだに柏倉に寄せられる。

地元でも、近くに住む三〇年来の多くの仲間と今も顔を合わせ、ともに励まし合っている。夫を亡くして一人暮らしである彼女を気づかって、おかずを届けてくれる仲間の友情に包まれている。

柏倉は、山形での地道な活動を通してだけでなく、東北ブロック全体のネットワークの要として、また、総評主婦の会第二二回大会では、全国幹事に選ばれて、リーダーシップを発揮していた。

愛労評主婦の会オルグ

館《たち》　富美子《ふみこ》

二年ほど前から体調を崩し、お話を伺うことができなくなっているので、記録や他のオルグ仲間や筆者の記憶をもとに、その活動の一部を記述する（二〇一五年懇意だった井上甲とともに自宅訪問もしたが、聞き書きはかなわなかった）。

一九二八（昭和三）年　愛媛県新居浜市に誕生。

新居浜で小学校教員をしていたが、名古屋に住んでいた姉を頼って名古屋に移った。

愛労評（愛知県地方労働組合評議会）への就職の経緯は定かでないが、夫が名古屋市職員組合委員長だったので、主婦の会活動に参加していて、そのリーダーシップをかわれたからと推察する。

館　富美子
(2012年7月 84歳)

館富美子の活動といえば、第一に浮かぶのは合成洗剤追放運動を、愛知・東海の地で先駆的な運動を築き、市民団体と総評主婦の会を含む労働組合運動とを結んで、全国的な運動に牽引《けんいん》したことである。

『女たちの合成洗剤追放運動　一九六〇年代〜一九七〇年代を振り返って』（座談会参加者一同　二〇一〇年三月）という赤い表紙の冊子があるが、各地で合成洗剤追放運動を担った人々による座談会の記録である。出席者のすべてが、この運動における館富美子の先駆的な役割に言及している。

婦人民主クラブや「洗剤のための連絡会」などの市民運動や、岡山県での岡本和子・隆夫夫妻の合成洗剤被害写真と日教組教研大会での告発など、先行した市民運動や、研究者の柳沢文正氏の研究発表に呼応して、館は愛知や三重など東海地方で取り組み始めた。七二年一一月には、愛労評主婦の会主催の「合成洗剤追放消費者集会」（於 名古屋勤労会館）を開催し、組合の動員なしで、七〇〇〇人集まった。石けん即売会も同時に行った。問題は合成洗剤だけにとどまらず、四日市コンビナート見学会や勉強会を行ったりして、「石油文明批判」を基本に取り組んだ（座談会での館発言）。

総評主婦の会に運動を広げようと、主婦の会の全国大会の帰途、滋賀の井上甲、兵庫の吉川あき子と筆者に呼びかけて、横浜の太陽油脂の石けん工場を見学した。

一九七三年九月に大阪で開催した「合成洗剤追放西日本集会」では「問題提起」を行い、翌年「同　東日本集会」が開催され、一一月に「きれいな水といのちを守る合成洗剤追放全国連絡会」（事務局＝全水道＝全国水道労働組合連合会）が結成されるという流れで、全国化が進んだ。これらの全国化にあたって、運動の内実をかためるために、舘がリーダーとなって、八月二二日「合成洗剤追放全国討論集会」を名古屋で、一〇月五〜六日「合成洗剤追放四日市シンポジウム」を開催し、全国の担い手たちの共通認識を形成していった。

このように全国化を実現していく過程で、右記の座談会でもしきりにいわれているのが「労働組合と市民運動の違和感」。一例は、手弁当の市民運動に対して、労組は動員で別受付して、交通費・弁当代・日当を手渡している。集会運営も主催者挨拶、来賓挨拶が長々と続く型通りで、準備段階にかかわっていない幹部が読み上げるように上から提起するだけで、討議のなかで結論を引き出すという姿勢がない等々。

このような「違和感」のなかで、当初は西日本集会が一年に二回ずつのペースで岡山、三重などで開催された。舘がそれらのイニシアティブをとった。

総評主婦の会の全国大会でも決議し、「全国の各地で主婦の会が運動を担った」と、座談会の発言者たちが評価している。男性主導の労組と違って、主婦の会は「生活者」の感覚だから、「違和感」を感じることが少なかったと。

主婦の会機関紙第29号（一九六三年七月二〇日）では、愛知主婦協　舘富美子の名で「上がる物価を追いかけて、野菜・魚市場へ　県へ」の取り組みが大きく掲載されている。

主婦の会の全国行事でも、舘は、古井とはまた違ったリーダーシップを発揮し、オルグから幹事にも参画した（一七回大会〜一九回大会まで全国幹事）。主婦の会年譜の『二〇年譜』『二〇年譜』の編纂も舘のリーダーシップが発揮された（『二〇年譜』の裏表紙には、愛労評主婦の会の米国核実験反対座り込みの写真が掲載されている）。

愛労評主婦の会の役員に対しても、遠慮なく運動の意義と必要性を説き、「おまえさんはどう思うのか、どうするのか」主体的なかかわり方や生き方に迫るような厳しさがあったように思う。主婦の会役員と年齢が親子ほど離れている筆者にとっては、とうていできない接し方であった。

婦人対策でも迫力あるかかわりを築いていたと思うが、非常に残念なことにご本人の体調が悪くて聞き出せていない。

愛労評オルグとして、T病院労組の組織化のために数カ月寄宿舎に泊まり込んだりしているように、寝食を忘れて運動に専念し、多くの人々にその存在感を刻んでいる。

滋賀地評主婦の会オルグ

井上《いのうえ》　甲《きのえ》

井上　甲
(1981年7月 49歳)

オルグに就いた経緯

総評組織部報告（主婦の会オルグの条件を完備した婦人オルグを見出すことは容易でないが、主婦会の会員の中には、週二～三日ならオルグで活動してもよいという条件の、優秀な会員もいる。これらの会員をオルグに準ずるものとして、総評が採用し、半専従者制を設けてはどうかとおもう　本書二五頁）の典型的なケースが井上甲の場合である。

滋賀地評主婦の会の結成は全国大会より数日早く一九六〇（昭和三五）年七月である。井上は全日通家族会の会員だったが、井上が属している水口地域班は当番制で役員を出していて、一九六三年八月に井上に順番がまわってきた。月一回ぐらいの会議に出席さえしてくれればいいというので、気楽に引き受けた。翌年九月、滋賀地評主婦の会事務局長を全日通が担当しなければならないからということで、いちばん若い井上が指名された。最初の二年間は、地評に主婦の会担当者（男性）がおり、いわれるままに会議や出張などに動いていればよかった。その担当者から、事務局長とは、企画、立案、実行すべてをやるのが仕事で、いつまでも人まかせではダメだといわれて、ちょうど総評本部から、主婦の会の組織強化が打ち出され、オルグの配置県となったので、半専従の主婦の会オルグとなった。半専従とはいえ活動が面白く、のめり込んでいくうちに、二～三年後には、専従者となった。

特徴的な実践

一九三二（昭和七）年二月二九日　滋賀県水口町《みなくちちょう》（当時伴谷村《ばんたにむら》）に誕生。名前は「きのえ」だが、滋賀県では「お甲（こう）さん」で通っている。

七八歳でしたためた「思い出つづり　井上甲」というレポートがある。

「記憶力が衰えない今の間に、総評、滋賀地評主婦の会事務局長から主婦の会オルグとしての、波乱に満ちた三五年間、がむしゃらに突っ走って生きた足跡を、思い出すままに綴ってみようと思い至った次第である」と。「総評とのかかわりがなかったならば、単なる一家庭の主婦として、母として平平凡凡と毎日を生きて今日を迎えていたと思ったからである」と述べている。

そのレポートをもとに、筆者の聞き書き（二〇一五年五月二〇日　大阪）といくつかの資料を加えて、以下に要約してみる（最終確認　二〇一五年七月五日　於 山形「七夕会」にて）。

戦時中に義務教育を受けて、卒業後は母の農業を手伝って、農業改善普及所やいくつかの民間会社でアルバイトをした。勧められるままに見合いをして、「女のほうから断るのは失礼や」と母にいわれて、きちんと給料が入るサラリーマンの妻に憧れていたこともあり、日本通運に勤めている彼と結婚した。

「総評との出会いは、日本通運に労働組合があり、そこに家族会が存在したからである」と。家族会の役員や滋賀地評主婦の会の事務局長になった経緯は先に述べた通りである。労働組合がどういう団体なのか、家族会がどういう役割なのか、何も知らなかったので、月一回ぐらいの会議の案内がくるから出席すればいいと聞き、気楽に引き受けた。「今までの私の生活範囲では聞いたこともない言葉ばかりでびっくり仰天、『目からうろこ』」で、「楽しくもあり面白くなってきており」躊躇《ちゅうちょ》することなくオルグの任務も受けた。世界が大きく広がり、「活動の面白さや希望や夢のある活動にはまってしまった」「活動にのめり込んでしまい、夫や子どもたちには辛い思いをさせてしまった」と述懐《じゅっかい》している。

夫が実家の兄に「家の事何もせんようなった」としきりにぼやいていたそうだが、筆者が訪問したとき、甲さんの活動が掲載された新聞の切り抜きを隣近所に見せてまわっておられたところだったので、甲さんの活動を誇りに思っておられるのがよくわかったし、漬物や常備菜づくりなど、まめにやっておられた。保育所通いは、朝の送りは夫、出迎えは、近所の同じ年齢の子どもたちの母親が「一人も二人も一緒や。お甲さん忙しいのやから」と、快く交代で引き受けてくれたそうである。

最初は共同購入。物価値上げ反対をとなえるだけでなく、「ハイム一〇〇円化粧品」で活動しようと相談がまとまり、役員の居住地での共同購入班づくりに着手した。

そのことが新聞に掲載されたので、労組婦人部はもちろん団地や社宅などから問い合わせが殺到した。この活動が定着した頃、農協婦人部から農産物も上乗せする産直の提案があり、農協婦人部と連携して「暮らしをよくする滋賀県婦人団体協議会」を組織し、月一回予約をとって、根菜類の共同購入に発展した。また、焼津港の鮮魚の産直にも取り組んだ。

この組織をもとに消費生活協同組合づくりができないだろうかとの提案が地評事務局長から提起された。生協づくりの学習を農協と地区労の役員、主婦の会役員とで始めた。

最初に結成されたのが大津生協である。その後湖南生協づくりへと進展した。

滋賀地評では、地評構成組織の各定期大会には、地評代表に続いて地評主婦の会代表が来賓挨拶をする慣例になっていたそうだから、地評運動における主婦の会の位置づけが高いことが伺える。そのことは、結成も全国大会より早かったことにも表れているし、『総評』新聞（一九六〇年七月二九日）にも全国の結成大会報告記事に並んで「滋賀も主婦協結成」が大きく記載されている。

合成洗剤追放運動については、共同購入運動の中で、主婦湿疹や赤ちゃんのオムツかぶれの相談が多く寄せられて、早くから取り組んでいた婦人民主クラブの新聞などで、合成洗剤の勉強会をあちこちでやった。

主婦の会の全国大会の帰りに、舘さんたちと太陽油脂の粉石けん製造を見学し、一九七一年の滋賀地評主婦の会大会に、「合成洗剤は買わない、使わない、贈らない」の三ない運動と、安全な石けんの共同購入を提案して、決めた。今回もマスコミ報道があったので、一般の方からの問い合わせに追われて、男性のオルグ仲間にも応援してもらったという。地婦連などと提携して県民ぐるみの運動を展開し、七七年一〇月には、「合成洗剤追放全国集会」の大津開催の担い手となった。

近畿一三〇〇万人の飲み水である琵琶湖の水質汚染がひどくなり、〝臭い水〟や赤潮も発生し、行政も合成洗剤の販売規制を検討するようになって、七九年一〇月武村正義知事（地評推鷹）のもとで生まれたのが、「琵琶湖の富栄養化防止条例」だった。

この条例は、「リン、窒素」の規制であって、合成界面活性剤＝ＡＢＳ、ＬＡＳについては規制しない条例だった。リン、窒素が含まれているのは、粉石けんのみで、他の液体洗剤は規制対象外になるから、「合成洗剤の販売規制条例ではない」と井上たちは抗議した。しかし、マスコミも含めて、全国に先駆けた規制条例は先駆的という評価と宣伝が圧倒的で、県議会での採択前夜に、地評の幹部役員から当時の地評事務局長と井上が自宅に呼びつけられ、一晩中説得された。また、「無リンにだまされるな！　琵琶湖シンポジウム」を、名古屋の舘富美子と全国に呼びかけたところ、「地評主婦の会オルグを辞めてもらう」と糾弾《きゅうだん》された。仲間の応援で、クビはつながった。行政主導の「粉石けんをつかう運動」は、一時は石けん使用率八〇％まで進んだが、運動主体の意識改革を伴わないから、「年々減っていって、運動以前に戻ってしまった」と井上は述懐する。

滋賀地評における「びわ湖を守る運動」が大きな位置を占めていたことは、『資料で見る四十年の軌跡　滋賀地評』（一九九〇年三月三日発行）のなかで、主要な闘争の一つに位置づけられていることから伺える。そのなかでの、主婦の会、井上オルグの役割も推察できる。

一九七五年の国際婦人年の盛り上がりの当時、地評婦人部は、井上がいうには「あってないに等しく会議もない状態であった」。主婦の会で話し合い、県内の全婦人団体に呼びかけて、三・八国際婦人デー滋賀県集会を開催した。実行委員会には二五団体が参加し、毎年三月八日に開催し、総評解散の年まで続けた。

国際婦人デー実行委員会に参加した労組の婦人部長に呼びかけて、「地評婦人部再建」に向けた議論を重ねたが、役員選出で毎年挫折し、何年も婦人部長会議で総評の全国運動を「消化」していた。ようやく当時の県教組婦人部長が地評婦人部長を受けてくれて、一九八四年一月に、念願の「地評婦人部再建」が実現し、「男女雇用平等法」制定要求過程の、総評全国運動の滋賀での展開、中央行動にも、積極的に取り組むことができた。

合言葉は「手をつなごう湖国で働く女性たち」。また、平和の行動として、八の日行動を毎月場所を替えて取り組み、琵琶湖を六周した。

前述の『資料で見る四十年の軌跡　滋賀地評』によれば、「主要な労働争議」の一つとして、六〇年代後半、大津と若狭を結ぶ「江若鉄道」（私鉄総連傘下）の廃線反対闘争において、地評・県交運、地区労で「湖西線共闘会議」を軸に地域の支援体制を形成したという記録に、このたたかいのなかで「家族組合」が結成されたと記述されている。国鉄への移籍問題が難航するなかで五年余にわたるたたかいとなったが、長期争議における家族の決起が不可欠であったことは、ここでも示されている。

井上が忘れられない運動のひとつに、一九九五（平成七）年滋賀医科大学付属病院産婦人科医師が出版した『日本女性の外性器』なる学術書（?）に対する抗議行動がある。患者に無断で診察室で性器の写真を撮り続け、性器の写真集を学術書として販売する人権侵害行為に対して、「『日本女性の外性器』に抗議する会」を結成して、告訴も含めてあらゆる方法で抗議活動に取り組んだ。日本弁護士連合会が人権侵害事件として、調査にのりだし、検察庁も告訴を受け付けたが、結果は不起訴だった。大学側も私たちの申し入れへの謝罪はあったが、県民や患者への謝罪と回収もされないまま、当の医師本人が他界されて、うやむやになってしまい、きわめて残念である、と。

総評が解散した一九八九年のあとは、滋賀地評センター、平和・人権・滋賀県民センターで専従として働き、六六歳で退職した。

保守王国といわれていた滋賀県で、国政選挙から市町村議会選挙まで、アナウンスを担って、熱くたたかってきた。選挙に「お甲（こう）さん」の存在は欠かせないものとなり、八〇歳を越えても、二〇一五年の統一地方選挙も、マイクを握った。

現在は社民党滋賀県連副代表に就き、「お甲（こう）さん」は、どこででも「歯に衣《きぬ》着せぬ」発言で、存在感を発揮している。

なお、井上甲は、第一九回主婦の会全国大会で副会長に選ばれて、全国的な活動でも、リーダーシップを発揮した。

中村《なかむら》　征子《いくこ》

岐阜県評主婦の会オルグ

オルグに就いた経緯

高校時代にアルバイトをしていた会社で労働争議があり、興味をもちはじめた。そこで指導的だった人が、〝元気のいい女の子〟がいるというので、岐阜県評の書記採用試験を受けるように勧められた。当時は家族や親戚は労働組合に偏見があったが、県評事務局が教育会館にあったので、教育会館に就職するといって試験を受けた。一九六三（昭和三八）年書記に採用され、そろばんは二級だったので経理を担当しつつ、婦人部の手伝いを担当した。

岐阜県評主婦の会は一九六二年に結成。当時は岐阜県には、総評主婦の会オルグの配置がな

中村　征子
就職して２年目　県評デスクにて
（1965年 21歳））

かったが、本部にオルグ助成金を申請し、五年後に主婦の会オルグに就いた。

特徴的な実践

一九四四（昭和一九）年　岐阜市で三人きょうだいの次女として誕生。
本人から聞きとり（二〇一五年四月七日　於　岐阜の自宅　最終確認　二〇一五年一〇月二四日　於　岐阜）をもとに要約。

一五歳のとき父が交通事故で他界し、母は夜になると泣きくずれており、私も高校時代からアルバイトをして家計を助けた。そのアルバイト先で争議があり、大変興味を覚えた。一九六三年（一九歳）に岐阜県評の書記の試験を受けたきっかけも、その争議の中心だった人の勧めで、「元気のいい女の子がいる」というふれこみで紹介してくれた。

県評のスタッフは四人で、女性は私一人。そろばんが二級だったので、経理を中心に担当し、婦人部も担当した。

事務局長が国労出身だったので、家族会の必要性に理解があって、一九六二年二月に岐阜県評主婦の会が結成されて、手伝った。構成組織は、日通、市労連、林野、農林、全逓、化電、日本合成、住友セメント、神岡鉱山、電電公社だった。主婦の会オルグの総評からの配置については、岐阜はB県だったので、当初は交付金がおりなかった。後から採用された男性がオルグとして交付金がおりたのに、その不合理に対して、総評本部に手紙を出したのを覚えている。全逓出身の男性と、社青同（日本社会主義青年同盟＝社会党青年部を中心に一九六〇年頃結成）のイベントで知り合い、二六歳で結婚した。

主婦の会の活動としては、全国共通のことだが、まずは、春闘要求をするのに、「家計簿からの要求」を主張するために、家計簿の共通項目を作って、赤字額を算出する活動。

選挙のために家族会を作ったところもあるように、選挙支援は主婦の会の重要な役割。たとえば神岡鉱山において、町長選挙で現職を破って、組合書記出身の人を当選させたのは主婦の会の力で、〝女が裏切った選挙〟といわれた。男が家族を口説《くど》くのではなく、自分たちを代弁してくれるという信頼感と魅力のある候補者だったので、女が熱を入れ込んだ。女が政治を変える力をもっていたということ。家族会をもっているところは、たいてい市会議員を出しているともいえた。

メーデーなどは、家族を代表してエプロン姿で参加し、祭典を盛り上げ、労働者家族の連帯感をアピールした。

食管制度を守る運動では、米価審議会には、東京の千鳥ヶ淵や九段会館の近くに、県から一〇～一二人ぐらいが参加していた。日常的には「標準米を食べましょう」の運動だが、当時

「東京へ行ける」というのは、地方の主婦にとって、とても魅力だった。国会見学などを行い、国政選挙にも、主婦の会の力を発揮した。

社宅での共同購入も日常活動で、なかでもハイム化粧品の斡旋は、活動資金づくりも兼ねていた。毎年総評主婦の会全国大会時に、還元金が計算されているのが、楽しみだった。

公共料金値上げ反対で先頭になって活動し、水道、ガス、電気料金など、家計簿からの実態を訴え、交渉の場に参加した。

岐阜は、既製服の内職が盛んで、主婦は家庭を守りながら、家計を補助することが当たり前になっていて、ほぼ全家族がミシンを踏み家計を補っていた。総評の内職大会参加はもちろんのこと、岐阜でも他府県と同様、家内工賃審議会などに家族会から委員を送っていた。

合成洗剤追放運動も、他府県と同様の活動をした。全水道と共闘し、学校、保育所、公共施設などに、合成洗剤の危険性を訴えるスライドを持参し、主婦の会で運動を進めた。

今思えば、主婦の会があったときは、今のような社会は許さなかったように思う。家族という小集団の中で、社会の問題や反戦・平和の話ができる。たとえば、「警察に就職させない、組合のない事業所には子どもを就職させない、結婚させない」を合言葉にしていた。

一人ひとりの生き方まで話し合えたし、主婦の会活動では、おかしいことはおかしいとはっきりいう、地域では〝うるさ型〟を育てたように思う。家族会の後継者づくりにも苦労しなくなった。

二人の子どもを育てるため、県評を辞めようと思ったときに、主婦の会会長が、「私たちは働こうと思っても働けなかった、私たちが子育てを手伝うから働き続けなさい」といってくださって、保育所の送迎もしてくれて、娘も〝実の育ての親〟として慕っている。その子どもたちも、自分の生き方を引き継いでくれていると思う。

総評が解散して、連合岐阜に移り、女性局長に就いても、もち前のはっきりものをいう姿勢をそのまま貫いた。

定年退職後は、NPOグッドライフサポートセンターを立ち上げ（県内NPO法人第一号）、子育てと介護の事業をし、現在二〇〇〇人の会員を擁している。介護保険の小規模デイサービス「そばの花」も立ち上げ（職員一二名）、ヘルパー一二一名による訪問介護事業も行っている。

また、法務省の人権擁護委員を一三年間務めており、人権の講演も頼まれることが頻繁にあり、七〇歳になっても、バリバリの現役である。

吉川《よしかわ》あき子

兵庫県評主婦の会オルグ

一九二一（大正一〇）年　兵庫県洲本市《すもとし》に誕生。小学生のときに神戸市に移転。

「お会いしても、記憶が定かでないし、耳が聴こえないから」（九四歳）と、訪問を辞退されているので、自作の歌集『奇跡のいのち　子らと守らん』（一九七〇年）をひもときながら、筆者の記憶に頼って記述する（二〇一五年五月　手紙で最終確認）。

この歌集は、夫が一九六一（昭和三六）年一月一六日に生野鉱山で落盤事故に遭い、奇蹟的に命をとりとめたものの、脊髄損傷、下半身麻痺の大きな障害を受けて、寝たきりの苦難の人生を生きぬきはじめたときから、闘病の夫への想いと優しい心遣い、傍で子らと（息子二人）ともに生きていく苦しさや辛さ、働き続けているなかでの出会いの喜びなど、ほとばしるよう

吉川　あき子
（1981 年 7 月　定年退職時　60 歳）

な想いを短歌に詠んだものである。「長くて三年」といわれた寿命も、寝たきりの辛い日々を、本人の意志と家族の看護によって、一二年生きぬかれた。

ただひとり　鉱石《いし》におされて　二時間余　耐えきし夫《つま》の　いのちうれしく

神経の　麻痺せし下肢《かし》は　つやもなくて　奇蹟をねがう　われにつめたく

「二時間余」というのは、合理化で先手がつかなくなり、単独掘場のため、ほかに誰もおらず、発見されるまで最低二時間半放置されたことになる、と述べられている。

肋骨骨折による左肺圧迫のため動かすことができず、事故から約二カ月後に手術を受けたが、日がたち過ぎて骨に肉がまいており、くい違っている背骨を正常位にもどせなかった、と。

合理化がいかに労働者とその家族に苦難を強いるものか、憤りがふつふつと沸いてくる。

歌集の出版は事故から九年後、子どもたちも成長して「やっと一息ついた」心境の中で、編まれたものである。サラサラと流れるような美しい字を書かれるので、出版の相談を受けた筆者が、活字にしないでご本人の自筆をそのまま印刷するのがいいのではと提案し、大阪総評出入りの信頼する印刷会社から、美しい文字そのままで編纂した。

吉川あき子は、学校卒業後、電電公社の電話交換手として働いていた。結婚後、夫は何度かの召集令状で戦地が長く、召集解除で帰宅しても、一週間もすると令状がきた。空襲で自宅を焼け出され、生野鉱山の「工員募集」の張り紙を見て、「社宅あり」に魅かれて、播但線《ばんたんせん》の生野鉱山で働くことにした。自分で決めた生野だが、落盤事故で脊髄損傷となり、苦難の道を歩むことになった。

空襲に　家を焼かれて　この鉱山《やま》に　住みし運命《さだめ》を　子らにわびつつ

鉱山労働者でつくる労働組合＝「全鉱」（全日本金属鉱山労働組合連合会）の中で、夫がどのような働きをしていたのかはわからないが、歌集からは、気骨のある積極的な姿勢の方のようであり、妻が全鉱婦協（全鉱主婦協議会）で役員となって活動することに異論をはさまなかったと推察できる。彼女は全鉱婦協近中（近畿中国地方の略）の会長を務めており、その役を降りるとき（事故の一年後）や、「全鉱婦協」会議参加の歌が何首も詠まれている。

ともどもに　近畿の鉱山《やま》を　オルグせし　友と別れの　きょうはかなしく

吉川が兵庫県評のオルグに就いた経緯は定かでないが、一九六二（昭和三七）年五月に全鉱近中婦協会長を降りた年の一〇月である。「社会復帰できない主人や子どものさきざきのことを考えて、兵庫県総評主婦の会担当オルグとして勤めるようになりました」と、歌集のまえがきに述べている。兵庫県評主婦の会は、六〇年一〇月に結成されており、全鉱婦協で活動していた吉川の存在が浮上したのであろう。就職直後の三カ月は、生野から神戸まで三時間の通勤時間で、夜間に家事をこなし、休日は病院通いで「我ながらよく耐えられたと思うほど、もう無我夢中」だったと。夫は六五年から自宅療養に入ったが、ベッドに起き上がるにも寝がえりをするのも自力ではできない。排便も毎朝ゴム手袋をはめてかき出し、小便はバルンカテーテルを挿入したまま蓄尿ビンにとり、一日おきにカテーテルを消毒交換、膀胱《ぼうこう》洗浄をするのが吉川の日課だった。

仕事に出ている昼間は、彼女の姉が助けてくれた。

兵庫県評の高徳議長は、歌集に寄せて次のように述べている。

あまりものを言わない人だから直接苦労話をきいたことはありませんが、心労の様子はその姿の中にもにじみ出ていました。だからといって特別の扱いはしませんでした。遠くへ泊りがけの出張も度々だったし、主婦の会がその組織を拡げていかねばならぬ時でもあったから、会合で夜遅くなることも何回もありましたが、愚痴もこぼさずによく頑張り通しました。

全鉱婦協の役員時代、六〇年三池闘争オルグに参加し、三川鉱《みかわこう》の北小浜社宅で寝食を共にしたが、吉川の夫の事故を知り、その主婦たちから真心のこもったお見舞い、カンパが届いた。

枕もとに　花をと添えし　カンパなり　夫《つま》に聞かせつつ　うれしさに泣く

県評オルグになってからも、三池の爆発事故の現地調査団に参加している。

あまりにも　むごき事故なり　ふつふつと　たぎる怒りは　悲しみをこえ

すこやかに　すごせし頃の　夫《つま》しのび　怒りにもえて　座りこむ主婦ら

脊損《せきそん》の　夫《つま》みとりいる　われなれば　主婦らのかなしみ　心にいたく

合理化から夫の命を守るたたかいは、総評主婦の会活動の原点であり、吉川にとっても、資本への憤りは生きていく原点であったと思う。

ほかにも、資本とたたかう争議労働者に寄せた歌も相当詠われており、静かに正義感を燃やしながら、激励・連帯行動にすすんで参加されたのだと思う。

県評主婦の会の春闘ビラまき行動を詠んだのは、

大いなる　夢をいだきて　新春むかう　主婦らに幸の　多かれといのる

寒風に　足ふみしつつ　ビラくばる　主婦らのちから　春闘にそそがん

吉川の、苦悩をのりこえて頑張る仕事ぶりと生き方は、主婦の会会員の心に響くものだったと思う。山崎会長ががんを患う夫の看病と別れに対して詠んだ歌に、深い心の絆が伺われる。

吉川と二〇歳ほども違う親娘に近い関係の筆者に対しても、結婚後すぐに病で視覚障害者となった夫との生活への思いやりがいつも寄せられた。

オルグ仲間の先輩というより、人生の大先輩に対して、その想いを歌集に寄せて伝えている。

私のような青くさい若輩者が、このような重みのある歌集に対して何をかいわんやで、何をいっても口はばったいことになると思いますが、あえて一言述べさせていただきます。ご主人の看病と子どもさんの養育だけに没頭してしまいがちな日々を、兵庫県評主婦の会オルグという激務を果しながら、しっかりと自己を見つめて表現されていることは、いかに吉川さんが豊かな思想をもっておられるかを物語っていると思います。仕事で多くの主婦に接しておられる吉川さんを見ていると、どのような雄弁な説得も観念的で無力に思えるのは、まさに吉川さんの生活と血肉化された思想が多くの人々をとらえ、自然と啓発するからだと思いました。

このとき筆者は二八歳、まだ独身だった。

この歌集だけでなく、全国の「総評主婦の会」新聞にも、時々の活動から生まれた短歌が掲載されている。

こみあげる　涙こらえつつ　夫《つま》をのせ　手押車おす　新しき春に

（四四号　一九六五年一月一日）

整然と　シュプレヒコールの　声たかく　デモ隊は行く　米領事館前を

行動に　初めて参加せし　吾子は　声かれるまで　うたいしという

帰宅して　行進のさまを　こまごまと　語る吾子の瞳は　まだ生き生きと
（五四号　一九六五年一二月一日）

添加物に　慣らされし主婦らも　今更にひどいと怒る　食品検査に
大会の　空模様案じて　いくたびも　子に笑われつつ　天気予報きく
（一〇〇号　一九七〇年一月一日）

吉川が定年まで頑張って働き続けたことをねぎらって、一九八一年七月に、東京の古井、愛知の舘、滋賀の井上と筆者とで、京都の保津川下りを企画した。写真はこのときの解放された姿である。古井と井上の写真もこのときのものである。

二〇一一年三月一一日、東日本大震災に対して、九〇歳の吉川から山形県上山市の柏倉宅へ、「救援活動をやっておられる主婦の会の皆さんへ」と五万円もの多額のカンパが送られてきた。柏倉は、「地域の人たちと一緒に活動しているので、上山市と姉妹都市の名取市に送らせていただいた。吉川さんの暖かいお気持ちに頭が下がり、私たちもその気持ちを受けついで活動していこうと決意を新たにした次第です」と語っている。

伍《ご》賀《か》 偕《とも》子《こ》

大阪地評主婦の会オルグ

伍賀 偕子
就職して間もなく
（1967 年 12 月 25 歳）
『大阪総評』機関紙に掲載

オルグに就いた経緯

中学・高校時代には受験勉強もしないで、生徒会活動に熱中。国民的な60年安保闘争も高校生徒会の責任者として経験し、大学でも学生運動に夢中で没頭して、一九六六（昭和四一）年いざ卒業となっても、希望の教員採用の声もかからず、やっと就職活動に慌てだし、とりあえず四月から塾のアルバイトをしていた。

大学時代の友人が大阪総評*の事務所の中にあった「軍縮協」（原水爆禁止の大阪組織）のアルバイトをしていて、昼休みに碁を打っていた大阪総評事務局長が「うちにも、いいアルバイトが欲しいのだが……」と話していたと聞き、自分からおしかけていった。学生運動の中で、「労働者階級との連帯」をいつも主張していたので、総評のことは知っていた。どこの誰かも素性もわからない者に、事務局長と総務財政局長が会ってくれて、教員志望と簡単に自己紹介したあと、「あくまでアルバイトだから、いつ辞めてくれてもいいし、当方も都合が悪いと思ったら、いつでも辞めてもらうという条件でいいか」と一五分くらいの面談で簡単にアルバイトが決まった。

＊「大阪地評」というのが総評との関係における名称だが、共闘の場では「大阪総評」の名で親しまれていたので、両方の名称を使用している。正式な略称は「総評大阪地評」。

前任の主婦の会オルグが辞めてしばらく空席だったので、すぐに出勤。一九六六年七月一〇日だった。仕事の説明も前任者との引き継ぎもないまま、最初の仕事は、「総評が日本母親大会不参加を決定した」という総評通達文書をもとに、大阪総評の通達文書にして発信する仕事だった。今思えば、婦人運動における歴史的な出来事の一頁だった。すぐに、婦人部の役員や主婦の会の役員に新任のアルバイトとして紹介された。教員志望は諦めずにいたが、ガリ切りや立て看板づくりも慣れていたし、担当外のことも興味深くて「労働運動本体を勉強したい」と首を突っ込み、アルバイトだけれど熱中していたら、三カ月後の一〇月一日付で採用が常任幹事会で決まった。賃金は二万二五〇〇円（自分では記憶していないが、一九六六年度第二回常任幹事会議事録に記録されている）。

当時の名刺は「大阪総評婦人対策・主婦の会オルグ」だった（女性オルグとしては二代目）。数年後、「国民運動対策部」の肩書が加わり、婦人運動だけでなく、地評全体の「国民運動」（もう一人の男性とともに）も担うことになった。

先に述べた総評組織局の「主婦の会オルグの条件」には適っていないし、どこかの組織の推薦もなく、大阪地評の中でも異例の人事だったと思う。

ずいぶん後になって、山本まき子総評婦人対策部長から、オルグ配置の審査討議で、「学生運動出に、主婦のオルグができるのか」という疑問が出たと聞かされた。大阪総評が、手続きを踏んで申請しているのと、「これからの運動は、理論を勉強した若い人も重要だ」と口添えされたそうである。

特徴的な実践

一九四二（昭和一七）年六月　大阪市で四人きょうだいの女一人として誕生。家業は建具製作業。

オルグになった経緯で述べたように、貧乏世帯の四人きょうだいの中で娘一人だけ大学に行かせたのに、志望の教員にはならず、労働組合オルグという、世間ではあまり認められていない職業に就き、むしろ〝アカ〟に対する偏見がまだまだある頃だったが、クリスチャンの父は文句ひとつ言わず、「お前の名前は『神と偕《とも》に』という聖書の言葉から付けたのだが、神と偕《とも》にということは、人とともにということだ。人のためにやるいい仕事に就けたね」と言ってくれるような人だった。

だから、家との軋轢《あつれき》もなく、仕事に夢中だった。学生運動では、60年安保闘争の総括をめぐって、社共の裏切りとか総評＝ダラ幹とかいう批判を先行させる潮流もあったが、「労働者階級との連帯を求めて」、ダラ幹批判についても「下部労働者の戦闘性に依拠して」というのが信条だったので、仕事に没頭した。それに日常接しているのが、幹部ではなく、家事と仕事を担いながら非専従で頑張っている女性たちだから、「世の中を変える仕事をして賃金をもらえる、こんなありがたいことはない」と思い、労働者の組合費で雇われているのだから、それに相応《ふさわ》しい仕事をしなければという想いがいつもあった。非専従の女性たちが相手だから、集まれるのは夜か日曜日が多く、家にいる時間はほとんどないという状態でも、労働条件に対する不満もなかった。

一九七三年に学生運動時代からの同志と結婚した（筆者三一歳時）が、夫は結婚後すぐに倒れて病床に伏して視覚障害となり、原因不明の闘病生活がしばらく続いたため、教員の仕事も辞めざるを得なくなり、子どもを産むことは諦めた（夫は、病いと障害とたたかいながら、それをのりこえて、居住地で障害者運動に取り組む)。「夫婦別姓」も夫の了解があったから、同居の義母も受け容れてくれた。

さらに、労働組合のオルグという仕事をしながら、夫をはじめ学生運動時代からの仲間とともに、労働運動を担う強固なケルンを職場に築こうという意思を実現するために日夜を分かたず取り組んだ。

幅広い市民の共同行動の結び目をめざして

大阪総評主婦の会は、一九六一(昭和三六)年八月結成時には、五組織ぐらいあったようだが、伍賀がオルグに就いた六六年当時には、全日通、私鉄京阪、住友化学のみで、内部の組織問題で住友化学の家族会が退き、長い間二組織で、八〇年代に大阪交通主婦の会が加盟されて、三組織となった。社宅もなく、大都市にバラバラに住んでいるから、大阪総評主婦の会の行事や共闘関係の活動に、役員が参加して学び交流するという活動形態が主だった。

大阪には敗戦直後から、配給米の遅欠配や、牛肉のヤミ価格をただす運動、全国の消費者運動の先駆け的な主婦団体が活躍していて(「大阪主婦之会」の馬場チミ、「全大阪主婦連盟」の難波美知子ら)、また、戦前から戦争に反対して逮捕されながらも社会運動に取り組んで、敗戦の日の翌日から民主主義建設のために多くの人々の結集に尽力していた「婦人民主クラブ」

の松本員枝《かずえ》ら（婦人民主クラブを名乗ったのは一九五〇年頃）、先駆的な女性パイオニアたちの存在があった。伍賀がオルグに就いた当初は、これらの団体や先人を訪ねて学び、大阪総評が築いてきた信頼をより深めることから始めた。

就任した年の一二月九日には、「物価値上げ反対闘争のための学習会」（公共料金・諸物価値上げ反対大阪婦人集会実行委員会」主催　地評主婦の会が事務局長）を開催して、学者の助言のもとに、右記の馬場チミ氏、難波美知子氏らと主婦の会会長が報告をしている。

就職した翌年の夏（一九六七年）、大阪にのみタクシー冷房料金二割加算が強行されようとした。馬場チミ・難波美知子ら一〇団体による「タクシー冷房料金撤回要求委員会」を結成し（地評主婦の会、地評婦人部も加盟）、猛暑のなかをほとんど連日の行動を重ね、タクシー協会、陸運局、大阪府、各級議員への働きかけや市民への宣伝行動の結果、近畿行政監察局から「タクシー冷房料金は悪政である」という結論を引き出し、いったん実施された料金制度を撤回させたうえに、この運動が引き金となって、国会議員が贈賄容疑で逮捕され、基本料金の値上げも見送りとなり、市民の喝采《かっさい》を受けた（この成果は、「総評主婦の会」新聞七二号　一九六七年八月一日のトップに掲載）。

この成果に勢いを得て、翌六八年九月「値上げ反対京阪神行動委員会」に発展させ、便乗値上げのトップを切ったキッコーマン醤油に対して、「プライスリーダーに社会的制裁を！」と不買運動を呼びかけ、その代替商品として地元の商品に「主婦醤油」のレッテルを貼り、師走の街に宣伝活動に繰り出した。北海道や群馬、横浜などでも不買運動が起こり、ついにプライスリーダーは元の値段に下げる破目になった。地評主婦の会はこれらの運動を地道に担い、専従である伍賀が共同行動の事務局を担った（『総評主婦の会二〇年譜』『総評主婦の会三〇年譜』にも、全国運動として大阪の行動が写真入りで掲載されている）。

翌年の「水都祭」で、この団体に「常に値上げのブレーキ役として貢献」しているとして、「大阪日日賞」が贈られ、団体間の結束はいちだんと強まった。そして、値上げ反対だけでなく、運動領域を広げて、「くらしを守る京阪神行動委員会」（地婦協も含めた広範な連絡組織となった）に発展させた。若手の専従ということで、たちまち事務局的な役割を担ったが、当初は気持ちに引っかかりがなかったわけではない。タクシー冷房料金上乗せの不当性はわかるが、そもそも当時タクシーは貧乏人が利用するものではないと思っていたから、二カ月間連日の行動に集中することに、仕事の優先順位として疑問がないわけではなかった。

しかし、声をあげた以上、初志貫徹であらゆる戦術を駆使してトコトンやりぬく姿勢、とくに近畿行政監察局に焦点をあてた戦略、マスメディアを味方にする作戦など、学ぶところが多かった。大阪総評として動員部隊を担うだけでなく、労働組合、この場合は運転手の組合＝全自交労連の立場と市民運動を結び、互いの集会にエール交換をしあう役割は担えたかと思う。

「キッコーマン不買宣言」についても、不買宣言という「伝家の宝刀」をそんなに簡単に抜いて、効果が上がらなかったらどうするのだという不安もあったが、戦後の混乱期に牛肉のヤミ値値上がりにストップをかけた経験のあるつわものたちは、大メーカーに反発をもつ地元の零細メーカーと組んで、地元の商品を「主婦醤油」と推奨することで、マスメディアを味方につけ、市民アピールを広げて完全勝利したのだった。

以降、公共料金・物価値上げの監視役として、数々の共同行動を重ねたが、特筆するものとしては、一九七〇年四月開幕の大阪万博に便乗しての物価高騰に対して、四月二五日「万博便乗値上げ反対エプロン集会」（於 扇町公園）とデモを行い、解散地点では、野菜産地直売会を開いた。大阪府への要望を集会決議し、大阪府も野菜の高値に対して、直接消費者団体に斡旋の特別措置をとり、各地で消費者による野菜青空市が開催された。

女性団体だけでなく、「大阪消団連」（全大阪消費者団体連絡会　前身の「消費者大阪府民会議」は一九七一年一月結成）などの共同行動と、大阪総評が提起する国民運動に参加するのが主婦の会の日常的な活動だった。

地評内での任務が、今までの婦人運動担当に加えて「国民運動担当」となり、地評が取り組む救急医療府民条例づくり運動や、「いのちとくらしを守る府民共闘」の毎年の自治体交渉、大阪消団連活動など、地評と市民団体との「結節点」を担当するようになった（もう一人の男性とともに）。もちろん、これに主婦の会も誠実に参加した。

とくに、大阪消団連活動は、下垣内博という優れた指導者がいて、大阪総評と、生協や母親連絡会などの市民団体との共同行動の要の役割を果たされていた。関西電力や大阪ガス、私鉄五社などの公共料金値上げに対して、「民間公聴会」という形態をつくりだして、関西春闘共闘委員会と関西消団懇共催で対抗し、そこで展開された電力料金の仕組み批判等は、今でも通じる優れた内容で、参加した労組幹部や活動家も呻《うな》らせる鋭いものだった。

この共闘は、いわゆる〝社共共闘〟型の、大阪で数少ない共闘だったが、大阪総評にとってもその運動は大きな財産だったと思う。伍賀は、下垣内事務局長のもとで、新日本婦人の会代表とともに、事務局次長を総評解散まで続けて、この共闘・信頼関係を大切にした。志半ばで早逝された下垣内氏から「僕の大切な戦友」といってもらったことは、いつも思い出される。

地評の専従オルグだから、いくつもの共闘関係の企画段階から実行まで、事務局の任務を担った。

あとになって聞いた「学生運動出に主婦のオルグができるのか」という総評で出された疑問が、ずっと引っかかっていたが、運動に参加するなかで学び、意識が変わるのではないかと楽天的に考えていた。ほとんどの活動が共闘関係なので、企画段階から主婦の会役員たちが直接参画して鍛えられる機会は少なかったが、多くの行動に関心をもって真面目に参加した。親子ほど年が違うので、「オルグする」という意識はなかったが、人と人をつなぐことはできるかなと思っていた。しかし、第一七回全国大会（一九七六年）の役員選考で、全国幹事の役目が大阪の中川英子会長（全日通家族会）にまわってきて、意欲的に受けてくださったときは嬉しかった。

合成洗剤追放運動――市民と労働組合をつなぐ

合成洗剤追放運動については、愛知の舘富美子さんから何度か提起されたが、位置づけをめぐって思案した。いろいろ環境汚染の原因があるなかで、何故合成洗剤に絞り込むのか――この点については、朝日新聞連載（一九七四年一〇月～七五年六月）の有吉佐和子著『複合汚染』で、合成洗剤の主成分である界面活性剤が複合汚染の元凶と指摘されて答えを得た。取り組む以上、一過性ではなく継続性がなければならない、主婦の会の取り組みだけでなく、大阪地評全体の運動として、職場でも取り組める運動でなければと、腰を上げるのにかなりこだわっていた。一九七三年三月に「合成洗剤追放府民集会」を前述の「くらしを守る京阪神行動委員会」主催で開催し、ブルーウォーター作戦に取り組んでいる水道労組と、学校給食調理員の手荒れで公務災害に取り組んでいる自治労（一九七四年八月、東大阪市、枚方市の調理員に公務災害の認定）とが活動報告をして、市民団体と労働組合の共同行動の陣形をつくることができた。

多くの共同行動のなかでも、「合成洗剤追放大阪連絡会」だけは、事務局を「大阪総評主婦の会」と、ビラでも表示した。もちろん、労組婦人部に呼びかけて、いくつも職場オルグに入り、大阪市の各区役所地下売店に石けんを置いてもらって、市民が買えるようにした。地評事務所にも太陽油脂の石けんを置いた。地評事務所に市民がシャンプーや石けんを買いにきて、市民の関心の広さを書記局自体も認識した。嬉しかったのは、全電通（現ＮＴＴ労組）近畿地本が共済会と交渉して、グリーンホームという石けんを開発し、庁舎で使うものすべてを切り替えさせたことだった。部落解放同盟大阪府連の生協も石けんを開発・販売した。

大阪府交渉で「合成洗剤対策要綱」を作成させたり、贈答された合成洗剤を石けんに交換する約束をスーパー協会や百貨店と取り付けたり、広く市民が参加できる運動に広げた。

大阪だけで一点突破できない問題だからと、大阪で「合成洗剤追放西日本集会」を開催する提案をして事務局を担い、全国連絡会結成への参加など、舘・井上の取り組みと共通する。この運動の過程で、市民運動・生活者の立場から、労働組合運動に向けられた鋭い批判を受けて、「『くらしの歪み』に憤りと行動する感性を」の一文を『市政研究』第54号に寄稿している（大阪市政研究会　一九八二年冬号）。

民主主義を論じる人が、子どもたちの生命が蝕まれていることに対して、デモクラティックな憤りが沸いてこず、コーラーやインスタント食品を平気で食し、使い捨て大量消費文明に浸っている自分の生活を変えようとしないのは、何かが欠如していると思うのです。それは「くらし」への理解が非常に貧しいからではないでしょうか。「くらし」は、人間的な活動の本質である労働をし、自由に考え豊かな生き方をエンジョイし、そしてそのためにたたかう、これらの人間の営みが一体となったトータルなものであり、民主主義の原点だと思います。

この批判は、労働組合幹部の〝おっさんたち〟に向けてだけでなく、いわゆる女性解放運動、フェミニズムを標榜《ひょうぼう》する人たちに対してもいいたかったことだった。

私が一緒に活動する婦人活動家の中には、一方は、婦人労働運動や婦人解放運動の活動家と、もう一方は草の根市民運動の中心的な担い手という二つの分野の人々がいて、両者が全然別々のところで運動をして互いに合流しあうということがないのが、従来のパターンでした。

（略）しかし、オイルショックを契機に示唆に富む視点からくらしが問いなおされ、国際婦人年をきっかけに、この二つの分野の合流が、確かな手ごたえで始まりつつあります。労働組合運動の担い手たちも、生活者として労働やくらしの在り方をとらえかえし、生産点での運動をこの視点から洗い直してみることが必要なのではないでしょうか。

合成洗剤追放運動の職場オルグは、人体被害や環境問題からのアプローチだけでなく、いちばんいいたかったことは、このことだったかもしれない。その時点では、フェミニズムを標榜する人たちへの批判と意識していなかったかもしれないが、少なくとも私流にフェミニズム運動を豊かなものにする意図だったと思う。

労基法改悪・均等法案反対運動を通して労働組合の変革をめざす

大阪総評婦人部では、当時の社共の代理戦争的な論争が多く、とくに共同行動では、意見が違う部分を排除する共産党系のセクト的対応（排除の対象は主として部落解放同盟）に、常任委員会論議が振りまわされる傾向が強かった。これは共闘の原則として譲れない基本的な問題だった。

また、単産＊や単組では、役員交代してもつながりは続くが、地評段階になると、いったん役員を辞めたら、産別を超えてつながり、先輩たちのキャリアを運動に活かすことは、機関としてはむつかしく、ましてや新しい活動家を発掘し、機関の役員でなくても、大阪総評女性運動に、そのエネルギーを結集していくことはもっとむつかしい。運動の主体をどう形成するのか、その隊列を増やすことを、自分の任務として課していた。

＊単産・単組　同一産業に働く労働者によって組織されている産業別単一労働組合を「単産」と略し、

その単位組織、企業別労働組合を含めて「単組」と略す。

社共対立の論争に終始することなく、職場段階で求められている課題の共通項を具体化し、大阪の幅広い共同行動や総評の全国運動の意思一致をはかるために、「地評婦人対策連絡会議」という場をつくって、単組レベルの役員ではあっても、機関には進出していない少数派でも、総評方針を推進しようとする意志があれば、討議や交流に参画できるようにした（形の上では非公式だから、当番組合を自治労大阪市職婦人部に担当してもらった）。企画段階からの意思形成と行動への参加を重視した。これは総評解散まで続いた。

大阪総評女性運動における「労基法改悪反対」運動や、「母性保護を貫いた男女雇用平等法制定」を求める運動は、全国行動を牽引したと自負するものであったが、それは、動員数や街頭行動の回数だけでなかった。労基法改悪の根拠を示した「労働基準法研究会」（労相の私的諮問機関）報告に対して、未組織を含めた二万人調査によって、現場から労基研報告への反証を行った。『大阪の働く婦人——「二万人の婦人労働者の労働と生活実態調査」から「労基研報告」を批判する』（大阪国民春闘共闘会議　企画編集　大阪地評婦人協　一九八〇年三月）がそれである。この調査結果は、総評全国婦人代表者会議の方針書でも「婦人労働者全体の運動の武器として活用するよう」評価され、全国の運動に活用された。また、『月刊労働問題増刊号　労基研報告評註』（一九八〇年五月）でも、柴山恵美子氏によって、何度も引用された。

さらに、日本の労基法改悪がアジアに進出している日本企業の女子労働者に与える影響について注目し、「日本の海外進出企業に、自国及びその国の労働法を厳重に守らせよう」のスローガンをつねに掲げていたことも特筆したい（塩沢美代子氏が一九八三年に設立したアジア女子労働者交流センターの活動に学んで）。

とくに重要な運動の特徴は、「男女平等問題専門家会議」（労相の私的諮問機関）が「男女平等の判断基準」について、「機会の平等であって結果の平等を志向するものではない」という報告を発表したことに対して、「機会の平等論の落とし穴」＝「長時間労働の男並みに働く者のみを平等待遇にする」というのは、「能力主義強化による女性の分断」である、と総評全国婦人代表者会議で発言提起し、即刻職場討議資料で反撃して、「結果の平等」を実現する社会システムの変革の方向を示したりと、運動の内容・主張においても特徴的であった。これは、字数の関係で詳述は避けるが、竹中恵美子・大阪市大教授（当時）の理論的影響が大きかった（『竹中恵美子の女性労働研究50年――理論と運動の交流はどう紡がれたか』竹中恵美子・関西女の労働問題研究会著　ドメス出版　二〇〇九年　の第二部参照）。

地評婦人部、婦人協（婦人部は一九六九年一月より全会一致制の婦人協に移行）は、地評の専門機関であって、その点では青年部と同様であり、基本組織を代表するものではなく、労働組合はどこでもそうである。

組合内部から労働組合を男女平等の視点で変革するのは、なかなかむつかしいものがあったが、「女も男も人間らしい労働と生活を」を掲げて労基法改悪反対運動に取り組んできた過程で、女子保護の廃止＝既得権の剝奪《はくだつ》に反対する運動にとどまらず、「女も男も人間らしいくらしを」獲得するために、労働時間法制の規制緩和に反対して、関西経営者協会の「労基法改正意見書」への反論をただちに「大阪総評」の声明として婦人協が策定した。そして、関西経営者協会への抗議交渉も、婦人協が地評議長同席のうえで行った。

今、問題になっている労働者派遣法の制定についても、制定時の一九八五（昭和六〇）年三月九日に、中小共闘と婦人協が担って、「労働法規の全面改悪に反対、男女雇用機会均等法案・労働者派遣事業法案反対総決起集会」を大阪総評主催で開催できた。

また、大阪発の歴史的なたたかいとして特筆すべきは、「基発一一〇号」*を地方の運動で撤廃させたことである。

＊基発一一〇号「賃金不払い等に関する法違反の遡及《そきゅう》是正について」の通達（一九八二年）。使用者側の法違反について残業割増手当の遡及を三カ月までに緩和し、とくに男女同一賃金の違反については、判明しても遡及是正の勧告を行わないことを指示。

労基法否定を意味する本通達の発覚は一九八七年大阪総評中小共闘会議の場であり、婦人協もただちに糾弾声明を発し、糾弾集会や大阪独自の上京団行動を担い、通達の改廃を約束させ、八八年三月基発一五九号により基発一一〇号は廃止されるという歴史的な成果を「地方の」力で獲得した（もちろん、交渉には総評本部と社会労働委員会議員の同席を求め、翌年の国会答弁で実現）。

このようにして、大阪総評の女性運動は、労働組合のなかにおいて、専門部の域から、課題を全体の労働運動に押しあげる力量とわずかではあっても労働組合変革の実績をもちつつあったが、労働運動の流れは「労働戦線再編」であり、八九年に総評は解散して、新組織＝連合へ移行した。「総評解散」に対して、女性たちがまとまって意見を述べるにはいたらなかった。

大阪の女性運動の要を担って

消費者運動だけでなく、大阪の女性運動においても、大阪総評女性運動が、数々の共同行動の事務局的役割を担った。

女性差別撤廃条約批准運動においては、七九年一二月採択で正式な外務省訳も出まわってない八一年三月に、条約批准をめざす学習冊子（関西婦人労働問題研究会発行）をつくり、「労基法改悪阻止・婦人差別撤廃条約批准共同署名センター」を立ち上げ、共同行動に着手して、大阪独自の政府交渉を実現した。のちに労働四団体も参加した「女性差別撤廃条約の早期批准を促進する府民会議」の先駆けを担った。

この府民会議は、条約批准後は、「くらしに生かそう女性差別撤廃条約府民会議」と名をあらため、条約の意義を広げる多彩な活動を、行政も巻き込んで展開した。条約批准後に国連の女性差別撤廃委員会（CEDAW）に報告する「日本政府報告書」（一九八七年三月提出）がNGOの意見を反映せず、施策の羅列にすぎない形式的できれいごとずくめで、差別の実態にまったく迫っていない報告書だったのに対して、この「府民会議」で「草の根のカウンターレポート（反論書）」を各団体ごとに作成し、CEDAW委員長来日の情報を得て、府民会議の飯田しづえ事務局長（婦人民主クラブ）がロビーで待ち受けていて、レポートを直接手渡した。

一九八八（昭和六三）年二月の日本政府報告書第一回審査では、このNGOの直訴が各委員に手渡されていて、委員の質問に反映されていたことを知って（傍聴参加した反差別国際運動=IMADRからの報告）、NGOをパートナーとして真摯《しんし》に対応する〝世界の常識〟に触れた経験をしたことは、やって良かったという充足感につながった。日本のNGOのCEDAWへのロビーングが本格化するのは九〇年代後半からなので、このときの大阪の先駆的な活動は、歴史に刻んでおきたい記録である（ここでは、部落解放同盟婦人部と部落解放研究所がイニシアティブを発揮した）。

「国際婦人（女性）年大阪連絡会」も全国に先駆けて、一九七五年二月に四五団体で結成し、幅広い団体の共通要求として（労働組合と婦人団体をつなぐ共通項として）、「母性の社会的位置づけ」と「民法改正」の運動に取り組んだ。七九年に作成した『出産白書』は、陣痛誘発剤の問題を初めて告発し（七〇〇〇部も全国から注文があって、連絡会の財政基盤もつくった）、民法改正でも、法務大臣交渉で、一部改正を獲得するなど、全国発信した。

平和の課題は政治的な問題に関係するので、四五団体の幅広い結束にヒビが入るのではないかという危惧もあったが、一九八六（昭和六一）年の「国際平和年」にちなんで、「国防婦人会発祥の地＝大阪から平和を築こう」と呼びかけて、「核はいりまへん！　平和な世界を！」の絵葉書セット（丸木俊・スマの絵と大阪の小中学生合同制作版画）一万五〇〇〇組を大阪独自に制作・販売して、反核平和のキャンペーンと運動資金づくりをした。

そして、八月六日、広島原爆投下時刻に合わせて、大阪駅周辺の目抜き通りで、一五〇名の女性たちのダイ・インを行った。着物姿の高齢者が数珠をもってダイ・インされる光景に、組合から参加した若い活動家たちも感激した。通勤ラッシュ時の市民の反響も良く、この行動は数年続けた。

三つ目は、「核はいりまへん！　平和な世界を！　沖縄連帯行動」を企画した。八六年一〇月二〇～二二日、一六団体七五名のリーダーたちが基地の島沖縄を連帯訪問した。先の絵葉書販売の資金で、交通費を出せない団体リーダーの半額補助をしたり、沖縄に同組織がある団体は事前に連絡をとりあって、現地交流に参加をお願いするなど、行動を一過性に終わらせない配慮をした。当日、米軍演習への抗議行動真っ最中だった読谷村《よみたんそん》では、歴代婦人会会長全員が勢揃いして村あげての歓迎交流会で迎えてくださり、参加者一同感激した（事前準備で伍賀がお願いに行ったときに何と山内徳信村長が対応してくださり、このようなご配慮で応えてくださったことに、今も、その感激を忘れない）。

この連絡会は、代表を決めずに、事務局団体として大阪総評と、婦人会議（現I女性会議）、婦人民主クラブ（現ふぇみん）、大阪市地域婦人団体協議会が担い、一年ごとに幹事団体を選び、取り組みごとに前に立つバッターは持ちまわりというように、みんなで運営する作風を生み出して、幅広い結束の絆を形成した。大阪総評女性運動は、事務局会議での発案企画から、参加者確保の下支えをつねに担い、労働組合への信頼感を獲得していったと自負している（この連絡会は、現在も活動している）。

ほかにも、「女性差別一一〇番」（電話相談）を開設して、文字通り「あらゆる形態の女性差別」の訴えを受けて、その結果を集約し、行政に総合的な相談窓口の設置を要求して、大阪府に「女性のための七八〇〇番」開設を実現した。

この共同行動を通して、「部落解放大阪府民共闘会議婦人連絡会議」が八三年三月に誕生した。この「婦人連絡会議」の初仕事は、紀伊國屋書店の「チビ・ブス・カッペお断り」の就職差別文書に抗議し、東京の本社交渉を粘り強く行い、反省文を獲得して、人権図書コーナーを設置させるなど、差別を見逃さない行動を重ねた。当初マスメディアの報道は小さかったが、この時期イタリアを訪れていた柴山恵美子さんから、イタリアの新聞はこの日本のニュースをトップ面で扱っていたと後日談で聞いた（この組織も、現在も活動している）。

国連女性の十年の前半は、国や自治体の女性施策の推進体制確立をめざしたが、後半は、それを形骸化させず女性施策の内実を作っていくことが求められていた。大阪での広範な女性たちの共同行動は、女性差別撤廃条約を武器に、その要請に確実に応えるものだったといえる（以上の運動の記録は、『大阪社会労働運動史』第七巻・八巻に記載　大阪社会運動協会監修）。

八〇年代のこれらの共同行動は、労基法改悪反対・男女雇用平等法制定の連続行動と並行していて、職場をもっている大阪総評傘下の女性たちにとっては、相当きついテンポだったので、「共闘ばっかりで、ついていかれへんわ」という苦情や反発が出ないかという心配は頭をよぎったが、先に述べた「地評婦人対策連絡会議」での討議を丁寧に重ねるなかで、その当番組合の志方順子・大阪市職婦人部長（総評解散時の二年間婦人協議長を務めた）の、「共闘のなかで、活動家が視野を広げ、鍛えられる」という発言に救われた思いがした。

だが、働き続けられる条件が整っていなくて、女性役員の層が薄い民間企業では、単産婦人部が未確立・一時休眠状態の傾向が多く、民間職場の交流のための「民間単産連絡会議」を適宜開催するなどの努力はしたものの、そこにじっくりかかわって組織建設していくオルグ本来の任務に力を傾注できないまま、「総評解散」の事態を迎えた。

このことに関しては、いま顧みれば、忸怩《じくじ》たるものがあるが、その頃は、大阪の女性運動を〝背負って立っている〟ような想いのなかにいて、オルグとしての自分の任務の優先順位を熟慮する姿勢にはなかったように思う。

未組織労働者との連帯と万博での取り組み

このような運動の経験を若い世代に話す機会があると、「〝古き良き時代〟の話ですね」とかわされることが多い。未組織・非正規の人たちが、今のようにクビをかけてもユニオンをつくり、運動の当事者として血のにじむようなたたかいに挑戦している時代ではなく、「未組織との連帯」をつねに意識していても、連携すべき対象の人たちを発掘せねばならなかった。だから、先に述べた労基法改悪に反対する二万人実態調査でも「一人が五人の未組織労働者との対話を」と行動提起し、まわりの未組織労働者に個別に働きかけて調査のための対話を呼びかけた（総評の特徴である官公労偏重ではなく、調査回答者の半数が民間企業で、その六割以上が未組織・非正規労働者という結果を得た）。

典型的な取り組みでは、総評が解散を決める直前の一九八八年、真冬に一一カ所の職業安定所の前に立って（職安労組の協力を通じて当局は黙認）、退職・転職せざるを得なくなった事情を聞きとるアンケートを実施し、三七〇九人の協力を得て、その結果を『2つの調査が語る――女が退職するとき続けるとき』の調査結果にまとめ上げて（もう一つの調査は主として民間企業でこの五年間に出産して働き続けている人八九〇人の調査）、退職・転職するか、働き続けるかの選択の違いがどのような条件で分かれるかを明らかにした。「解散する総評の調査なんかに責任がもてない」という反対もあったが、次の運動へ何を継承するのかが問われているのだという討議を展開した。

均等法制定以前から未組織労働者を対象にした「電話相談」を「地評弁護団」の女性弁護士の協力を得て実施し、均等法制定後は「もしもし均等法 電話相談」「はたらく女性のもしもしネットワーク（電話相談）」を毎週一回開設し、その結果を『はたらく女性のチェックポイント』という冊子にまとめたところ、まだ行政がそのようなハンドブックを出していない時期だったから、新聞報道をみて、全国から八五〇名の切手を入れての申し込みと反響があった。「思い入れ」に近い姿勢かもしれないが、「心はいつも未組織労働者とともに」を合言葉にした運動展開をめざしていたことは事実である（これらの運動過程は、『日本における女性と経済学――1910年代の黎明期から現代へ』栗田啓子・松野尾裕・生垣琴絵編著　北海道大学出版会　二〇一六年　第八章に伍賀執筆）。

労働組合本来の組織化にかかわって、直接成果を報告できることは数少ないが、女性の多い組合結成や学習会に同僚の男性オルグからの要請で行くことは日常的なことだし、伊豆や広島まで学習会に駆り出されていた。

「組織化」で印象に残っているのは、一九七〇（昭和四五）年に大阪で開催された「万国博覧会」に、地評から熟練の男性オルグ二名とともに派遣されて、各パビリオンの労働法規無視の非人道的雇用に対して、異議申し立てをする若者を組織した経験である。若者たちによって結成されたのが「エキスポ綜合労働組合」（高田節子委員長）で、すぐに組合員一〇〇〇名を突破し、会場には、エキスポタクシーの女性オペレーターのストライキをはじめ、あちこちでストライキの赤旗がひるがえり、女性が委員長であることに示されているように、女性組合員が多いので、連日万博会場に通った（万博協会に、会場に入る「通行パス」をオルグ三名分発行させている）。遅ればせながらのちに万博協会内に「労働相談室」が設置された。

この体験は『エコノミスト』（毎日新聞社　一九七〇年七月二八号）に「私の発言～万博会場からの『人権宣言』」（伍賀偕子　エキスポ綜合労働組合執行委員）として掲載された。

先に述べたように、万博に対しては、「万博便乗値上げ反対エプロンデモ」を組織しただけでなく、万博会場の中でオルグとして働けたのは、大阪総評の政治力だと思うが、若者たちと一緒に万博協会ビル内での座り込みから、〝ごぼう抜き〟された経験とともに深く記憶に残っている。

六カ月の開催期間の経験でも、若者たちの「人権宣言」と使用者に対等に向かっていった体験は、彼ら、彼女たちの人生に大きく刻まれたことと思う。

「どうせ六カ月だからということでアキラメが支配したり、国家的行事という名のもとに権利を放棄することは人間として精神的自殺行為に相当します（略　引用者）……エキスポに働いた者の心のつながりも権利確立の闘いもないままに、チリヂリバラバラになることを私たちは人類の名において恥じます。労働者として人間として拒否します」（「結成宣言より」）。

共同の学習交流の場を結成

日々の婦人協の活動展開とは別に、活動家の学習と、退任役員も含めて学習交流できる個人参加の結集をめざして、一九七七（昭和五二）年七月に立ち上げたのが「関西婦人労働問題研究会」（九二年に「関西女の労働問題研究会」に改称）。オルグに就いて以来、一〇年かかっている。代表には、二年前に総評婦人対策部長を退任して和歌山県に戻っていた山本まき子氏に懇請し、顧問に竹中恵美子・西口俊子両教授に就任をお願いして、伍賀が事務局長に就いた（九二年に代表就任）。個人加盟の研究会だが、当面連絡先を大阪総評書記局内とすることも了解を得た。二〇一二（平成二四）年に新しい組織に改組するまでの三五年間、大阪総評女性運動の現場が必要とするスライド、学習資料、新聞切り抜き情報『クリッピング　ジャーナル女性』発行や活動家の交流の場、総評解散後は、広く女性労働者学習運動の場としての役割を果たした。敗戦直後から地評結成初期の時代に運動を築いてきた諸先輩と現役活動家をつなぐネットワークの役割も果たした。

この研究会の活動実績は、本テーマではないので省略するが、つねに大阪から全国への発信だった。運動の継承ということでは、大阪での女性労働運動史の発掘や記録にも力を傾注して、地評解散時には、『はたらく女たちの歩み　大阪39年』（大阪総評からの委託編纂）を発行し、女性リーダー三〇名の聞き書き（『次代を紡ぐ　聞き書き――働く女性の戦後史』耕文社　一九九四年）や、公募による記録集（『働く女たちの記録　21世紀へ――次代を紡ぐ（公募編）』松香堂書店　二〇〇〇年）などを編纂した。ここで築かれた絆は現在も続いている。

〈付属資料〉総評オルグ制度の創設と変遷

「総評運動にとっての歴史的財産である」とされる「総評のオルグ制度」について、前掲書『オルグ』から、「総評オルグ制度の歴史的変遷」（岡村省三・総評組織部長）を要約すると、以下の通りである（一九七六年発行なので時期区分の終わりは七六年まで）。

(1) オルグ制度の創生期（一九五三〜五六年頃まで）

第六回総評定期大会（一九五五年七月）に「中小企業労働者の組織化」方針が提起され、「中対オルグ」（中小企業対策オルグ）制度の設置と一〇円カンパが提案されたが、一〇円カンパは承認されず、翌五六年二月に三円の義務カンパで承認された（総予算約七三六万円）。その結果配置されたオルグは全国約九〇名。

中対オルグは、「野武士のごときたくましさ」と「官公労や民間単産のあたたかい援助の下での自己犠牲」が要求され、きわめて悪い労働条件と不安定な身分のなかで（〝総評の臨時工・地評の社外工〟と称された）、昼夜をわかたず、献身的な活動が行われた。

第六回総評大会は、高野事務局長から岩井事務局長に交代した、総評運動にとって一時代を画する大会であった。時代的背景としては、一九五三年七月に朝鮮戦争が終結し、朝鮮特需で復興した日本経済は深刻な不況に直面して、労働者国民にしわ寄せが転化された。日本商工会議所が「労働基準法改正意見書」を労働省に提出し、日経連は「賃金ストップ三原則」を発表し、「日本生産性本部」の発足など、賃金の固定化、権利の剥奪、労使協調路線の拡大が図られた時期であった。

オルグ制度創設を公約に就任した岩井章事務局長は、その意図について、『オルグ』で以下のように語っている。

とにかく三円予算で—当時の総評組合員はたしか一八〇万くらいだが—総額五〇〇万くらいの金で、全国に一〇〇名の中小オルグ団がおかれた。ナショナルセンターである総評が全国オルグ地方オルグを置くのは無論はじめてであるが、このような試みは国際的にもまったく前例のないものだった。したがって設置当初からオルグと各県評地区労の書記局との任務分担をめぐって多少のいきちがいがつねにあった。つまりオルグは、県評、地区労の日常的な運動のにない手ではなしに未組織労働者の組織化だけを専門におしすすめることを目的として置かれたにもかかわらず、手足の弱い県評、地区労の日常的な仕事にも力をかさねばならなかったのである。

このオルグ団設置が総評労働運動に寄与した点について、次の二点の感想を述べている。

第一は、多くの組合に、中小企業労働者・未組織労働者との連帯共闘の必要性を理解する考えが広まった。第二は、オルグ団設置によって、地域活動、地区労活動の重要性が、いくぶんなりとも、産別本部の幹部の頭に入ったかもしれない。（略　引用者）まず職場組織、産別組織を強め、そして地域活動にエネルギーを発揮してゆく。この労働運動の組織原則をかためるうえで役立ったと思う。

(2) オルグ制度の拡大期（一九五九～六四年頃まで）

一九五九年の定期大会で、五〇円カンパによる（オルグ費四五円／春闘カンパ五円）、中央・地方オルグ制度の拡充が方針化され、「中央・地方オルグ団設置要綱」決定。

中心任務として――①単産組織の強化　②未組織労働者の組織化と共闘強化　③最賃闘争推進のための組織強化　④社会保障・失業対策の強化　⑤労農提携　⑥主婦対策　⑦青年対策

配置―中央オルグ団三七名（中央オルグ二八名／特別オルグ九名）

　地方オルグ団二二六名（主婦の会・家族組合の組織化を含む）

ここで主婦の会オルグと婦人対策オルグが提起され、主婦の会全国オルグ二名が配置されたのである。

第一〇回定期大会（一九六〇年）で、全国オルグ二名、地方オルグ五〇名の増員

(3) オルグ制度の転換期（一九六二～六七年頃まで）

オルグ配置　①重化学工業　②総評・地評・地区労の組織拡大

③青年婦人労働者対策　④主婦の会・労農提携　⑤同盟会議対策

〈背景〉◇同盟会議の結成、IMF・JCの結成＝「右派系グループ」の結成

◇「組織綱領草案」（五八年提起されたが採択されず、六四年大会で「第二次組織方針」として最終決定）

◇地区労研究集会

◇組織分裂攻撃に対処する交流会議

(4)「国民春闘」段階におけるオルグ制度

労働者・国民に共通する一五大要求（一九六九年大会）

一九七一年大会方針を踏まえてオルグ制度の改革

地方オルグ三〇五名（七〇年）を七三年度以降二五〇名に減員

予算比率二七・五％*（主婦の会交付金一〇名分を含む）

＊予算比率　全予算に占めるオルグ制度予算の比率。

一九七一年大会「オルグ制度の改革の具体的方向」の内容

今日全労働者の中で、青年婦人労働者が占める比重は増大し、運動的地位はますます重要なものとなっているが、このことは労働組合の基本的な運動課題であって、若干のオルグを配置して対応することではなく、総評、各単産、単組、地評、地区労などが、組織的に対処すべきものと考える。

主婦の会活動については、労働運動と表裏一体の関係にあるが、同時に、活動および組織の独自性を尊重しつつ、長期的には自立化を求める方向で、当面、その活動に協力する立場から、オルグ制度とは別に、財政的な援助をする方向で対処する。

この方針によって青婦担当は廃止し、主婦の会については、一九六七年に全国オルグを廃止し、早急にオルグ制度から切り離して交付金制度に切りかえる。

Ⅱ　総評主婦の会

第一回内職大会（1965年2月17日）

1　総評主婦の会はどのようにして生まれたか

前章で述べた女・オルグたちが活躍した場である総評主婦の会について、本章では、どのようなかから生まれたかという前史、結成にかけた総評方針における「期待と目的」、労働組合における位置づけなどを追い、総評主婦の会が展開した全国的な運動内容とその歴史的役割について述べる。

(1) その前史＝たたかいのなかから生まれた「家族組合・家族会」の結束

労働組合に「家族組合」「家族会」が登場するのはいつ頃だろうか（呼称は、「家族会」「家族組合」「主婦の会」などがあるが、組合員の家族、ほとんどは配偶者を対象としている）。

日本で初めて労働組合に「家族組合・家族会」というものが生まれたのは、一九五一（昭和二六）年四月とされている。それは、国鉄の浜松工場においてであり（「友愛会」という名称）、当時この組合から県議会議員と市議会議員をズバ抜けた成績で送りだすことができたのは、家族会の力だったというので、組合の幹部も家族会のことを本気で考えるようになったといわれる（一九六〇年　総評主婦の会第一回準備会資料「総評主婦の会一年のあゆみ」。これと同文が『月刊総評』第35号（一九六〇年二月二六日）と『月刊総評』婦人問題特集号（一九六〇年一一月）に掲載されていて、いずれも筆者は総評主婦の会オルグ・野村かつ子となっているので、第一回準備会に提出された資料も野村の執筆と思われる。

一九五二年九月、炭労（日本炭鉱労働組合）ストの直前、炭労の主婦たちの全国組織「炭婦協」（日本炭鉱主婦協議会）が生まれた。翌五三年には炭鉱労働者六万人の〝人員整理〟（人間はモノではないのに「整理」とは?!）に対して、三鉱連（三井鉱山労働組合連合会）が一一三日におよぶ首切り反対闘争を勝ち抜いた（「英雄なき一一三日の闘い」）。三井三池炭婦協が結成されたのもこのときであった（六〇年に規約改正して「三井三池主婦会」に名称変更）。炭婦協は六〇年時点で六地方本部一一八支部一〇万人。

「国鉄の浜松工場家族会とともに、炭婦協もまた日本の主婦の会の歴史をつくった最初の立役者であった」と野村かつ子主婦の会全国オルグは述べている。

炭婦協に続いて、一九五四年非鉄金属鉱山の組合＝全鉱（全日本金属鉱山労働組合連合会）にもこの火が広がり、全鉱婦協（全鉱主婦協議会）が結成された（六〇年時点で二万四〇〇〇人)。

一九五四年、日本製鋼室蘭の大量首切り(九一五人)に対して、北海道の三井三池の活動家と炭婦協の主婦たちが、首切り反対闘争における組合員と家族の団結の強さを訴え、日鋼室蘭の主婦の会が結成され、青年行動隊とともにたたかいぬいた。

一九五八年、一四五日間の無期限ストをかまえた王子製紙争議では、「敵よりも一日長く」を合言葉に、主婦連(家族組合結成時二一〇〇人)が婦人組合員とともに支え、敢然と組織分裂にも抗してたたかった。

このたたかいと地域支援共闘の行動が、一九五八年六月、全国に先駆けて「北海道主婦協議会」結成の機運を推進し、会長に炭婦協、副会長に王子製紙主婦連が就いた。

一九五六年の国鉄志免炭鉱売山反対の運動においても、ヤマの民間払い下げは農民が土地を奪われるのと同じだと、主婦組織「むつび会」に結集した二八〇〇人は、組合の阻止闘争に、「三〇分もかからぬうちに抗議の動員体制を組む」結束力で加わった。

当時国鉄労組には、家族の全国組織はなかったが、浜松工場の主婦組織「友愛会」以来、各地で家族会が結成され、この「むつび会」もそのひとつで、のちに二七地方本部を中心に家族会の連合会をつくり、そのもとにブロック別連合会を結成して、四万五〇〇〇人の組織となっていた。

このようにして、総評主婦の会結成前にすでに組織されていた家族組織は三〇万人を超えていた。国鉄家族会、炭婦協・三池主婦会、王子製紙、日鋼室蘭争議などでの家族会である。

これらの組織以外にも、主婦会、家族組織が結成されていた組織は、合化労連（合成化学産業労働組合連合会一万六〇〇〇人）、鉄鋼（日本鉄鋼産業労働組合連合会一万二〇〇〇人）、全日通（全日通労働組合二万五〇〇〇人）、紙パ（全国紙パルプ産業労働組合連合会一万二〇〇〇人）、また、全国組織ではなくても、単組レベルでも自治労（全日本自治体労働組合）、全逓（全逓信労働組合）、私鉄（日本私鉄労働組合総連合）などに結成されていて、合計合わせると、総評主婦の会結成直前には三〇万人を超えていたとされている（組合の名称は、いずれも一九六〇年前後の名称）。

以上、まさに「たたかいのなかで生まれた」家族会（組合）、主婦の会であった。そのたたかいは、歴史に残る大争議であり、または、地域社会を形成するための選挙闘争でもあった。

一九六〇年七月二三日「総評主婦の会全国協議会結成宣言」は、高らかにうたっている。

「わたしたちは、かつての王子の闘い、国鉄志免の闘いそしていま果敢に闘われている三池の闘いのなかで主婦がともに闘えば、どんなに苦しい闘いでも大きな支えとなって前進できることを身をもって経験し、また確信をもつことができました」と（全文は一一六頁参照）。

戦後の労働争議における主婦の会、家族会の役割は、以下の文献にも刻まれている。

・『戦後日本の労働運動　改訂版』（大河内一男著　岩波新書　一九七八年）では、日鋼室蘭争議、王子争議、三井三池争議を「雇主的ラディカリズムと暴力と流血と警察隊の介入と、『第二組合』の出現とを特徴としており、労使紛争の連続する戦後の争議史の山脈の三つの高峰である」と述べている。

そこでの主婦会・家族組合の大きな存在は、歴史に刻印されている。

・『戦後日本の労働争議』（藤田若雄・塩田庄兵衛編著　御茶の水書房　一九六三年）での「三井三池争議」（清水慎三）では、「三池労組を支える三つの柱、職場闘争（職場活動家システムによる）、地域組織と主婦会、それに学習活動は、この二つの闘いの中ではぐくまれ、風雪に耐えつつたくましく成長し、（とくに主婦会組織化にあたっての会社の抵抗排除）やがて天下の三鉱労組の土台となったのである」

・最近の書でも、『「働くこと」を問い直す』（山崎憲　岩波新書　二〇一四年）に、「社会の中心にあった労働運動」の節で、「社会を良い方向へ変えたいという想いをもつ人たちは、個別企業の争議という場面に集まった。経済や労働問題の研究者はそこで学習会を開き、労働組合員の妻たちも組織をつくって活動を支援した。ときには隣近所や支援する人たちがともに集うこともあった。個別企業の争議は社会全体の縮図だった。問題は、そのようにしてつくってきた団結力を、どれだけ維持できるのかということだった」と述べている。

（2）総評主婦の会結成にかけられた期待と目的

このような背景をふまえて、総評は、一九五七（昭和三二）年度総評運動方針において「総評主婦の会」結成の方針を提案した。

一九五七年度総評運動方針では、「家族組合（主婦会）の強化」が提案され、具体的には「1 家族組合の結成を一層促進し、家族組合相互の経験を交流してその発展をはかるために「懇談会」を開催　2 家族組合に参加する婦人の地域における役割を重視して、地域婦人団体との提携をつよめ、物価値下げ、PTA等に積極的に参加せしめる」とされ、次の二つの「懇談会」が開催された。

・「総評組織綱領」作成過程での懇談会（一九五七年一一月）

「組織綱領」（一〇八頁参照）において、家族組合の位置づけを明確にするために、国鉄家族組合（家族会から、どの時期かに家族組合に）、炭婦協の結成過程や活動状況を集約した。参与として、評論家の山川菊栄と加藤万吉・総評常任幹事が参加している（討議内容は『月刊総評』一九五八年一二月号に掲載）。

・「総評主婦の会組織化のための懇談会」（一九五八年二月）

全鉱・炭労・国労・東武・川鉄等の家族組合の代表に加え、評論家の山川菊栄・田中寿美子、当時参議院議員の藤原道子が招請されて進言している（『月刊総評』婦人問題特集号一九五八年三月にその要約が収録されている）。

総評側の「主婦の会」結成の位置づけは、「労働組合運動と国民的共闘の結節点」が提案されたが、右記の三氏は、それに加えて、「幅広い意味の労働運動をたすけ、婦人解放と労働運動を結合させていくことが大切」と進言した。

主婦の自覚が高ければ夫である労働者の力も強化される。日本の婦人運動の現状は、金持ちや有力者が中心になっており、労働者の立場に立った運動はほとんどないため、夫々《それぞれ》の単産の家族組織も全国的な横の連絡を求めている。総評主婦の会は、幅ひろい意味の労働運動をたすけ、婦人解放と労働運動を結合させていくことが大切である。

ちなみに、女性運動の指導的位置にあった三氏の進言は次のように要約されている。

山川菊栄・藤原道子＝地域で保守にからめ取られている状況から、労働運動を理解する婦人組織の必要性。

田中寿美子＝アメリカの一九三〇年代恐慌時代に、ＣＩＯ（産業別組合会議）の組合家族たちが「補助組合」を結成して闘争支援した例に学ぶ。

この討議過程を経て、総評運動の必要性からの位置づけだけでなく、婦人自身の自己解放の位置づけが加わり、主婦の会の「目的」「行事」「組織化方針」「運営」についての大筋が提起された。これらの合意形成が、ほぼそのまま一九六〇年結成の「総評主婦の会の趣意・規約」に反映された。

この位置づけのもとに、「総評主婦の会」の結成と、総評本部に家族組合担当の専任オルグを置くことが方針化されて、主婦の会全国オルグ二名（野村かつ子・金井重子）のもとで、一九五九年七月より、「総評主婦の会」新聞を発行し、組織化に着手した。

（3）総評方針における総評主婦の会の位置

一九五七（昭和三二）年度総評運動方針において、総評主婦の会結成方針が打ち出されたが、以降、結成されるまでの総評の位置づけがより深められていくので、いささか長くなるが、当時の労働組合運動の認識を示す資料として興味深いので、紹介する。

総評第一〇回定期大会方針（一九五八年七月〜五九年八月）

いうまでもなく、家族組合、居住組織は、職場での孤立化を防ぎ、組合分裂行為を阻止し、官公労民間の違いや、臨時工本工の差別をなくし、失業者をも階級的に結びつける重要な役割をもっている。特に国鉄、私鉄の闘争のように広範な大衆の理解が闘争を左右する場合の世論の獲得、勤務評定反対闘争におけるP・T・A等への働きかけや、選挙闘争を居住組織に結びつけ根を張った日常活動の中から階級政党を強化していかなくてはならないことなどを考えるとき、労働運動を農民・漁民・商工業者の諸階層に結びつける大切な〝結び目〟といわなければならない。

従って家族組織、居住組織はそれぞれの居住の中で明るい町づくり運動の中にとけ込み、積極的に住民の要求をとり上げて大衆行動の先頭に立って闘うようにしなければならない。これらの闘いと行動のなかで労働組合の要求や闘争を住民の中に浸透させていく。これら家族組合、居住組織が労働運動に占める位置と役割を考え、今日われわれをとりまく情勢と考え併せるとき、今年こそ飛躍的な強化対策を迫られている。

この位置づけのもとに、「総評主婦の会」の結成と総評本部に家族組合担当の専任オルグを置くことが方針化された。

一九五八年定期大会へ提起された「組織綱領草案」

「五、居住地組織と家族組織」の項で、家族の組織化が争議の勝敗を左右した歴史的経緯を挙げて、以下のように規定されていた。

これらの経験から帰納して、総評指導部から「家族ぐるみ」の提唱が行われたが、この頃から家族組織は「幹部闘争から大衆闘争へ」の流れの中で、確固不動の地位を占めるに至った。（略　引用者）

情勢の進展は家族組織の飛躍的な拡大を要請している。単位組合の闘争力強化という出発当初の戦術的必要の段階から企業のワクをこえた地域の階級連帯の形成、日常の要求（内職の開拓あっせんや安い物資の購入、排水設備や託児所の設置その他町の保健衛生、平和的民主的な学校教育、税金の軽減等）親睦助け合いを通じた一般国民層の家庭との融合、具体的実質的な労農提携労商提携、これらを通じての国民世論の獲得といった大きな戦略態勢上の任務が要求されるようになってきた。こういう意味合いから「総評主婦の会」の構想が生まれ、その実現に向かって具体的な歩みがはじまったのである。

一九六四年大会「第二次組織方針」

右記の「組織綱領草案」は第一一回大会で採択をめざしたが採択されず、一九六四年定期大会で「第二次組織方針」として採択された。主婦の会が結成され活動がすでに全国的に展開されていたなかで、以下のように変わっている。

（2）「主婦の会」「居住地組織」

（イ）　労働組合の労働をそとから支えるものとして、「主婦の会」「居住地組織」の役割は、いくら強調してもしすぎることはない。「主婦の会」や居住地組織は、地域における厚生活動を中心として発展させる。いま、物価値上げ反対闘争が組織労働者の大きな課題となっている。署名運動や街頭デモはそれとして独占資本や池田内閣に対する国民の不満を結集するうえで大きな効果をもつが、しかしこの運動は賃金闘争と違って、われわれの実力行使によって目標が達せられるという性格のものではない。地域における生活協同組合的な活動が発展し、多くの主婦などがこれに参加し、生活が少しでも有利になる実効のなかで物価闘争は前進する。

このような生活に直結した運動には、労働者だけでなく広範囲の勤労諸階層が参加し、労働組合が勤労諸階層と手を結ぶ場となる。この組織が労働組合の鋭い政治闘争の支えとなるし、国民的な政治運動を幅広いものとする。選挙などにおいても、社会主義政党の政策が理解されるパイプとなる。

（ロ）　総評主婦の会の運動は、昭和三三年以来すすめられてきたが、その隘路《あいろ》は、各単産の積極的な協力体制の不足と、組合婦人部の活動と「婦人」ということで主婦の会の活動が混同されてきたところにある。婦人部の活動は、労働条件の男女格差撤廃、婦人の特殊な労働条件改善の運動をすすめるのが中心的な任務であるのに対して、主婦の会は、労働者の消費生活を守る目的のものである。したがって主婦の会を、労働組合のストライキを支える手段として、直接ストライキにまきこむことを原則としてはならない。

（ハ）（ニ）略

一九五九年度総評方針

「㈣、家族組織と居住地組織の強化」の項では、

イ．家族組織について（主婦の会）

総評に「主婦の会対策委員会」の設置、全国主要地評に主婦の会オルグの配置を方針化

「㈥青婦対策の強化」の項の「ロ、婦人部組織の強化と活動の方向」で、

3．総評オルグ団のなかに、婦人対策専門のオルグを置く。

4．この一年間の組織活動の重点を、総評主婦会の結成に努める。が打ち出された。

一九六〇年度総評方針

「企業から独立した労働組合を作ろう」の項で、

第五に主婦の会の組織に力を入れる。

主婦の会が労働運動を支え、国民的共闘の結節点としての役割の強いことは多くの実例が示

している。労働組合の組織的影響力が単に所属組合員のみでなく、家族にまで、また地域にまで拡大されていくことは、決定的に重要なことである。

一九六一年総評第一五回大会組織部報告

「女は女どうしで、というような安易な考えから、主婦の会の仕事を婦人部におしつけるのではなく、組織全体として取組むことが、決定的に重要である」

単組や単産の家族会・主婦の会結成は、基本組織あげて取組まないと結成できないことはその通りだが、その原動力には、婦人部が大きな役割を果たしていることは、多くの実例がある。国労の丸澤婦人部長は家族会の交流座談会で、国労は圧倒的に男が多い職場なので、少数の婦人労働者が家族組合と一緒になって、組織をつきあげていくことの必要性を強調し、家族組合が基本組織に申し入れて、婦人部長の専従化を実現した例もあると（「炭婦協と国鉄家族組合との話合いから」要約（『月刊総評』一九五八年二月号）。

（4）総評主婦の会全国協議会の誕生

全国家族組合代表者懇談会（一九五九年八月二三日総評会館）

全国協議会結成をめざして、初の全国的な顔合わせが一四〇名の参加者で開催された。『総評主婦の会二〇年譜』には、「母親大会に参加した代表一三五名が出席」と記述されている。全国からの招集がまだ予算化されていない段階なので、母親大会参加に合わせて懇談会を設定したと考えられる。同時に、各地の家族会が地方の母親大会の重要な推進力であったことも窺《うかが》いしれる。なお、このときすでに組織されていた主婦会は三〇万人を超えている（◎は家族会の全国組織が結成されている組織）

・国鉄家族会四万七〇〇〇人　◎炭婦協一一万人　◎全鉱主婦協二万四〇〇〇人　◎合化労連家族会一万六〇〇〇人　・全日通二万五〇〇〇人　・鉄鋼労連主婦会二万五〇〇〇人　・紙パ労連主婦会一万二〇〇〇人　その他（自治労／全逓／私鉄／専売―人員不詳）

結成県評　・北海道・秋田（市）・長野・富山・群馬・滋賀・岡山・福岡・大分

準備中　・青森・岩手・宮城・石川・福井・宮崎・東京・愛知・岐阜・大阪・兵庫

・和歌山・愛媛・香川・山口・佐賀・鹿児島

（一九六〇年一五回総評大会組織部報告）

以降、結成までに、対策委員会が四度、準備会・準備委員会が三回開催されて、結成大会までの具体化が準備されている。

全国協議会の結成大会

総評主婦の会全国協議会の結成大会は、一九六〇年七月二一～二五日衆議院議員会館第一会議室で開催された。（各県評代表一名、全国機関をもつ単産代表一名、計百数十名の参加）初代会長に桂田いそ子（国労）を選出した。

大会スローガン（ここに結成された総評主婦の会の性格と方向性が示されている。）

・すべての労組に主婦会をつくり組合といっしょになってすすみましょう
・地域で職場ですべての婦人と手をつなぎ　安保体制をやぶりましょう
・平和と民主主義を守り　子供のしあわせにつとめましょう
・明るいゆたかな家庭を築くため　働くものの権利を要求しましょう

主婦の会の目的・性格（以下、大会議事録から引用する。）

(1) 主婦会は、労働運動を理解し、労働運動が主婦の台所と直接関係のあることを明らかにして、労働運動と密接な協力関係をつくる運動を展開します。

(2) 各家庭の生活環境を明るく、ひいては働く者の家庭の主婦の解放と労働運動が密接なつながりのあることを明らかにし、そのための運動を展開します。

(3) 民主主義を守り、平和な世の中をつくることが子供の最大の幸福であることを知り、このための運動を労働者の主婦の立場から展開します。

これらの目的にそって主婦の会の性格を詳しく解説しているので、以下に抜粋する。

「労働運動を理解し支持する」については、「苦しい台所を受けもつ自分も、生産点で苦しい働きをしている夫も、とくに同じ労働者階級の一人なんだという立場に立って、台所から組合をよりいっそう理解し、組合に協力するという意味です。（略 引用者）……組合の従属物で、組合の指図をうけねばならない、というふうにまちがって考えられている組合もあります。……自分で考え、判断し、行動したいものです。自主性のない態度が極端になると、夫が第二組合へ行ったから妻も行くというふうになります。

会費の点でも同じです。発足当初はよいとして、いつまでも組合から世話になっているのはどうでしょう？ 財政的にも早く一人歩きしたいものです。

目的(2)の点で分かるように、主婦会は、労働者の妻が自己の人間としての解放を希う婦人運動でもあります。……（略 引用者）主婦会が他の婦人団体とちがう点は、労働者の解放なしには婦人の解放もないという立場をハッキリと旗印にかかげ、労働者階級に属する労働者の妻として、その運動をおしすすめていく点です。

主婦会の役割を要約しますと、

（イ）組合を理解することによって組合の組織を内面から強める。

（ロ）争議や選挙、その他組合が外部に向かって行う運動を、主婦が協力することによって強化し効果を高める。
（ハ）婦人運動と労働運動の結びつきを強化することによって、婦人運動を正しく前進させる。

採択された結成「宣言」

宣　言

新安保条約反対、平和と民主主義を守ろうとする全国民的な声と行動を無視した反動政府は、さらに労働組合や民主団体への弾圧を加えながら強行に新安保条約の批准交換を行い、一方的にわたしたち国民に条約を押しつけようとしています。そして日本の軍国主義への道を開こうとしているのです。

今わたしたちが弱気をだして批准交換が行われたのだから仕方がないという、あきらめ的な気持から条約を認めたならば次にくるものは軍備拡張、核武装というおもしが、わたしたちの生活に重くのしかかってくることは明らかです。

わたしたちは、真に日本の平和と民主主義、子供のしあわせを望むならば、こうした軍国主義、戦争政策にあくまで反対し、暗くとざされている民主主義への道をひらくため、新安保条約は無効であり、絶対承認しないことを基本として安保体制を打ち破るための諸活動をすすめていきます。このときに当たり、総評傘下の主婦代表が一堂に集まり、全国協議会を結成いたしました。

わたしたちは、かつての王子の闘い、国鉄志免の闘いそしていま果敢に闘われている三池の闘いのなかで主婦がともに闘えば、どんなに苦しい闘いでも大きな支えとなって前進できることを身をもって経験し、また確信をもつことができました。しかし、今後更にきびしくなっていく労働運動のなかにあって、わたしたちは、今日の結成を契機に、さらに団結と統一をすすめ、労働者とその家族のしあわせ、わたしたち自らの解放を勝ちとるため、総評の運動を支持し、ともに闘い抜くとともに、来る総選挙には、わたしたちの代表を多数国会へ送るため、闘い抜くことを宣言します。

総評主婦の会全国協議会結成大会

一九六〇年七月二十三日

結成を報じた「総評新聞」第514号（一九六〇年七月二九日）には以下の解説がある。引用が長くなるが、当時の婦人運動に対する評価や労働組合の認識がうかがわれるので、全文引用する。

　主婦会は現在の三池の闘いに見るように、資本の無謀な攻撃を粉砕し、低賃金構造の厚い壁を打ち破るために必然的に生まれた家族ぐるみ闘争の組織である。労働者の団結と家族の協力、学習の三点は、たしかに日本の労働運動を支える足である。

　この足の一つ、主婦会はいわば労働者の夫婦関係を運動の中にもちこんだようなもので、組合を内面から強め、組合が外部に向かって働きかける場合には、その効果をいっそう高める役割をもっている。

　この点については、これまでも色々述べられてきたし、また実際には、このことが悪用されてきたとさえいえる。ストや選挙のときには利用するが、あとは知らん顔、というのがそれである。まるで、主婦会は組合の「下女の集団」みたいだった。だからそのような姿から脱皮しようというのがこんどの全国協議会結成の一つの意義でもある。

　それからもう一つ、主婦会には別な役割、まがり角にきている日本の婦人運動を正しく前進させるという任務がある。*治警法第五条の撤ぱい《ママ》から婦選へと、かつて進歩的な役割を果たした日本のフェミニズム運動は、いち応《ママ》形の上で成果をおさめたが、内容は空白である。これを埋め、さらに働く者の解放を目ざし、台所と密着しつつ前進する婦人の組織はあってもまだ微弱である。

だが、このカンパニヤを支えるにない手はいったい誰なのか。

他方アメリカ流の近代感覚でカムフラージュされた「消費者保護」の婦人運動もある。これは婦人運動におけるＨＲみたいなもので、婦人の階級的自覚をそらせる、ていのよい防波堤でもある。

また、他方には昔の大日本婦人会の看板を塗りかえた広範な婦人会活動もある。文部省は、昨年に比べ十数倍の予算を組んで、これを育成しようとしている。

このことは決して安保体制の強行と別ではない。

総評主婦の会全国協議会の発足はこうした現状の日本婦人運動に、新しい道を切り開いて、その正しい前進の羅針盤となることが期待されている、ということができよう。

＊治警法第五条の撤ぱい《ママ》　一九〇〇（明治三三）年制定の治安警察法第五条に、政治結社加入を禁じる者のなかに女子を含め、第二項で、女子及び未成年者が政談集会に参加もしくは発起人となることを禁止したので、当時の女性運動が「治警法五条の撤廃」運動をねばり強く展開し、一九二二（大正一一）年、五条二項を改正させた。

このように、当時の「主婦」が置かれていた時代的背景を受けて、「労働者の妻」の組織がスタートした。それは、当初は、労働組合の支援・協力組織として、ある意味「補助組織」としての出発だった（「補助組合」という規定はどこにもないが）。

・「補助組合」については、田中寿美子が一九五八年二月の「総評主婦の会組織化のための懇談会」で、「アメリカの一九三〇年代恐慌時代に、ＣＩＯの組合家族たちが「補助組合」を結成して闘争支援した例に学ぶ」と発言している（一〇六頁参照）。また、『三池主婦会二〇年』（三池炭鉱主婦会　一九七三年）の、「思想性ある三池主婦会に学ぶ」という田中のメッセージのなかでも、「戦前、ある文献で、外国には＊オーギジリアリィ・ユニオン（補助組合）というのがあることを読んでいました。補助組合というのは、組合員の家族が、妻たちがつくった組織で、とくにアメリカでは、不況下の大量首切りとのたたかいに妻たちが立ち上がり、側面からの支援体制に取り組んだのです。ですから、三池炭婦協のできたとき、これがあのオーギジリアリィ・ユニオンなのだな、と思ったのです」と述べている。

・ほぼ同時期に書かれたものとして、藤田若雄が「家族組合の機能」を解説した記述のなかで「〃ストは台所からくずれる〃という経験的な法則」から「企業別労働組合とその家族補助組合の」機能を説いている（一九五六年一一月）。（講座労働問題と労働法　第1巻『労働組合の組織と運営』　野村平爾　弘文堂　一九七五年に所収）。

＊オーギジリアリィ・ユニオンについての他の文献を調べたが、筆者の力では探せなかったところ、篠田徹・早稲田大学教授から以下の文献をご教示いただいた。

• Elizabeth Faue, *Community of Suffering and Struggle: Women, Men, and the Labor Movement in*

Minneapolis, 1915-1945, Chapel Hill and London: The University of North Carolina Press, 1991（『苦難と闘争の共同体　ミネアポリスの女性、男性、労働運動 1915-1945』ノースカロライナ大学出版　一九九一年）

• Marjorie Penn Lasky, '*Where I was a person*' : *The Ladies' Auxiliary in the 1934 Minneapolis Teamsters' Strike," in Ruth Milkman, ed. Women, Work and Protest: A Century of US Women's Labor History*, Boston: Routledge & Kagen Paul,1985.『私が人間だった場所：一九三四年ミネアポリスのトラック運転手ストライキにおける女性の補助組合』in Ruth Milkman 編『女性、労働、抵抗：アメリカ女性労働史の世紀』ボストン、Routledge & Kagen Paul,1985

強化される政府の婦人政策

一方、この時期、政府の「婦人対策」も本格的に体系化されてきた。一九五三（昭和二八）年度に、文部省に「婦人教育振興費」が復活して以来、「全国婦人教育研究集会」（全国の婦人会役員と都道府県社会教育主事）が毎年開催されるようになり、一九五六年全国婦人教育研究集会で、バラバラに行われている婦人教育を「婦人学級」として統一し、運営は市町村教育委員会役員があたることなどが、方向づけられた。

そして、婦人教育振興費は、一九五三年度の六〇万円から、三年後の五六年には約八倍の四六三万円に増額され、六〇年度には九三〇〇万円が計上されて、婦人学級の増設、婦人団体への補助金支給、婦人団体役員養成等に使われている。婦人教育予算が増額されること自体を危険視するものではないが、どのような方向で行われるかが問われる。五六年の全国婦人教育研究集会で、婦人団体のあり方について、政治的中立を守ること、役員は政治的活動をしない、政党人や政治的偏向のある講師は原則として受け入れない等が決定されている（第五回日本母親大会の〝政治的偏向〟に対する自民党通達＝一九五九年八月が思い起こされる）。

五八年の「総評主婦の会組織化のための懇談会」で、山川菊栄・藤原道子氏の発言「地域で保守にからめ取られている状況から、労働運動を理解する婦人組織の必要性」（一〇六頁）は、これらの体制側の取り組みを意識しての進言であったと思われる。

2　総評主婦の会の全国的な運動と果たした役割

単位組織や地域での日常的な活動のもとに、「総評主婦の会」として全国展開した主な運動を記述する。総評主婦の会の通史は『総評主婦の会二〇年譜』『総評主婦の会三〇年譜』以外にまとまったものはないが、以下に、一九六六（昭和四一）年から総評主婦の会運動に携わった筆者が、主婦の会の特徴的運動だと理解している内容をピックアップする。

（1）合理化に反対し、お父さんのいのちを守る運動*

総評主婦の会結成の先駆けとなった、炭労、全鉱、国労などの合理化に反対して、労働者のいのちを守る運動への支援は主婦の会活動の原点である。

一九六三（昭和三八）年一一月九日は、三池三川鉱のガス爆発（四五八名死亡）に対する抗議行動、ＣＯ中毒患者救済行動に鉱底への主婦たちの座り込みをはじめ、総評主婦の会は三池支援の全国行動に積極的に参加し、三池からの訴えは、つねに総評主婦の会の原点を提起するものだった。この点は、総評主婦の会が他の婦人団体とは違う独自性といえるだろう。

・一九六六年四月一八日「命を守る大会」（七〇〇名参加　教育会館）炭鉱災害遺族一七二名が「労働災害をなくせ‼」のタスキに喪章姿で参加

・一九八二年九月一〇〜一一日　北炭夕張炭鉱閉山阻止・全員解雇撤回支援中央行動総評主婦の会八〇名結集

＊総評主婦の会では、親しみやすくという配慮からか、夫のことをいつも「お父さん」と表現していた。決して通常よく使われている「主人」とはいわなかったが……。

（2）家計簿活動と春闘支援、物価値上げ反対運動

労働者の低賃金構造による生活の苦しみをもっとも知る主婦が、春闘の賃上げ要求の根拠づけに、家計の赤字をはじき出す取り組みを組織化し、一九六一（昭和三六）年七月には独自の「主婦会家計簿」を発行した。

例年の春闘行動で、社長・支店長・所属長交渉に、家族会が参加して、〝台所からの訴え〟を行い、一一月と三月を「記帳月間」として、統一的な活動を展開した。この活動は継続的に

重ねられ、八七年には、七単産三五県評五七八世帯が記帳活動に参加している。
・一九六三年八月　第九回日本母親大会で総評主婦の会が「家計簿活動」を報告している。
・一九六四年一二月には、公労協*主婦が賃上げ要求で労働省前座り込みを実施している。
・一九八一年四月二一〜三日「物価抑制、賃上げ要求満額獲得」生活を守る主婦の中央行動　野党・省庁・日経連申し入れ、単産激励行動　のべ一七五名結集
物価値上げ反対ブロック会議エプロン集会が毎年開催され、物価のしくみ学習会などを開催。大阪での「タクシー冷房料金撤回闘争勝利」（一九六七年）や、大阪・北海道でのプライスリーダーのキッコーマン醤油不買運動で値上げを断念させたこと（一九六八年）なども（七三〜七四頁参照）、主婦会機関紙等で大きく掲載されている。

＊公労協　公共企業体等労働組合協議会　いわゆる三公社五現業の労組

（3）共同購入運動

総評主婦の会結成直後に、過大広告を排して安全で安価なハイム一〇〇円化粧品を、社会党やメーカーと協議して開発した（一九六一年株式会社ハイム設立。現在はハイム化粧品株式会社）。

流通過程を学び、再販制度撤廃運動として、直接消費者に安価に届ける、安全な品質というキャッチフレーズで、斡旋活動に組織を挙げて取り組む。本部と府県ごとに年間還元金が計算され、それを活動費にあてる（ちなみに地婦連が開発した「ちふれ一〇〇円化粧品」の開発も一九六二年のようで、ほぼ同時期）。

のちに合成洗剤追放運動による「ハイム粉石けん」も共同購入に加わった。

（4）食管制度を守る運動

生産者と消費者保護の二重米価制度を根幹とする食糧管理制度を守る運動に、各地で取り組み、消費者米価値上げ反対だけでなく、生産者米価を決める米価審議会には必ず総評主婦の会のタスキがけ隊列があった。各地では、「安くておいしい米を配給で買う運動」「標準価格米を食べましょう」の活動を展開した。

一九七一（昭和四六）年、米を「物統令」（物価統制令）からはずす企てに対しては、食糧庁への「米価を物統令からはずすな」の申し入れをはじめ全国各地で反対行動の中心を担った（一二万署名、反対決議一五七議会）。七二年一月二〇日の米価審議会は、米の「物統令」適用除外を決定したが、「標準価格米」を新設させた。

総評主婦の会結成時に、総評が重視した「労農提携」の目的を体現した運動といえよう。

(5) 子どものしあわせと民主教育をすすめる運動

総評主婦の会の目的三項目の三番目「民主主義を守り、平和な世の中をつくることが子どもの最大の幸福であることを知り、このための運動を労働者の主婦の立場から展開します」のように、子どもをめぐる環境を整え、民主的な教育を守る運動は、総評主婦の会の重要な柱であった。

日教組の「母と女教師の会」の運動や初期の母親運動に、勤務評定反対闘争にも、各地で家族組合・主婦の会が積極的に参加した。

民主教育をすすめる国民連合が提起する臨教審関連法案阻止の運動には、校区単位で参加するなど、地域に根ざした総評主婦の会の強みを発揮した。

(6) 合成洗剤追放運動の全国化

主婦湿疹やオムツかぶれの原因であり、環境汚染の元凶である合成洗剤(界面活性剤のAB*

S、LAS）を追放し、昔ながらの石けんに戻ろうという先駆的な草の根市民運動を、総評主婦の会の全国ネットでつないで全国化を担った。

愛知・滋賀・大阪の総評主婦の会が中心となった西日本集会（一九七三年九月二二日 於 大阪）から、東日本集会、翌年全国集会開催、「きれいな水といのちを守る合成洗剤追放全国連絡会」（事務局は全水道＝全国水道労働組合連合会）結成の重要な一翼を担った。合成洗剤追放全国集会は、今も継続して開催されている。

合成洗剤を使うことで環境汚染の加害者になることを拒否しようというよびかけは、自らの行動に引き寄せる提起となって、一人ひとりの環境汚染に反対する運動参加につながった。

合成洗剤追放運動が全国化する過程で、先駆的に追放運動を始めていた草の根市民運動の人々から、労働組合との共同行動に違和感を提起される場面が幾度かあった。「私たちは手弁当で取り組んでいるのに、労組の人たちは、受付は別で腕章つけて交通費や弁当代・出張費までもらって、動員されてどんどんくるでしょう。何か違和感があった」と。市民運動の人たちと生活者としての共通点をもつ総評主婦の会が、この距離感を埋める役割を果たしたことが、『女たちの合成洗剤追放運動――一九六〇年代～一九七〇年代を振り返って』（座談会参加者一同　二〇一〇年三月）でも評価されている。

＊ABS　アルキルベンゼンスルホン酸、LAS　直鎖アルキルベンゼンスルホン酸

(7)「内職大会」「内職・パート大会」――当事者運動の主体へ発展

〝闘う家計簿活動〟に取り組んでいて、共通する実態があった。主婦たちが家計を助けるために、劣悪な条件の内職をしていることであり、内職が忙しくて、社宅での主婦の会の会合にも結集が弱くなっているという悩みがあちらこちらから出された。

主婦の会の内職実態調査の回答者四一六名の夫の収入平均は三万五四五九円（平均勤続一八年二カ月）で、家族構成四・五人だった。

「職場では働く夫を搾取し、家庭ではその妻をも搾取する資本への激しい怒りが、内職大会を全電通会館で開かせ、労働省へのデモとなった」（野村かつ子「先駆的役割を果たした総評主婦の会」より『私と総評――運動をささえてきた人々の回想』前掲に収録）。

第二〇回まで続いた各年の内職・パート大会の歩みは巻末の別表に記載するので、ここでは、特徴的な流れを追うことにする。

内職問題からパート労働問題へ、「働く主婦」の要求と権利を主張

第一回内職大会（一九六五年二月一七日　全電通会館）は、春闘共闘委員会と総評主婦の

会の共催で開催されて、「内職のいらぬくらしだ賃上げだ！　家内労働法をつくろう！」をスローガンに五〇〇名が結集した（全国からの参加旅費を生み出すためにボールペンを販売）。

全国から集めた内職製品一〇〇点を展示し、一二名の代表が「どんな内職を・なぜするのか・どうすればいいのか」、一つ仕上げるのにどれだけ時間を要して、それでも工賃は円以下の単位などの実態報告をした。会場では、身につまされて涙を浮かべる人たちも。報道カメラのフラッシュが一斉に集中した。

大会終了後、労働省へデモ、家内労働法の制定、内職行政の拡充を要求した。

この後、「内職大会」は東京、静岡、愛知、岐阜、新潟、滋賀、大阪、山口、愛媛、大分の各県でも開催された。

第二回内職大会（一九六六年二月二八日　久保講堂）

第一回の反響をふまえて、三六都道府県から一〇〇〇名が結集した。家内労働法制定の署名運動をはじめ、家内労働問題を社会問題化させるきっかけをつくる大会となった。

スローガンは、「父さん賃上げ　母さん工賃引上げ」、お父さんの賃上げ支援から、家内労働者としての自らの要求に進展した。

申し合わせた五つの合言葉は、いずれも家内労働者の組織化の方向性を打ち出すものだった。

①紙に書いて契約しましょう　②グループで仕事しましょう　③安い内職はやめましょう　④家内労働法制定の署名をしましょう　⑤地域で内職大会をひらきましょう　大幅賃上げ・物価値上げ反対の替え歌発表。

第三回内職大会（一九六七年三月九～一〇日　山手教会）五九六名が結集し、参加者の三分の二は地方からの参加だった。

・春闘第二次統一行動の一環として、「権利・最賃・物価減税・組織・社会保障・内職」の問題別集会として位置づけられた。

七つの申し合わせにみられるように、最低賃金要求と結合させて、出来高制ではなく、時間給を要求する発想に転換した。

①お父さんと一緒に大幅賃上げを闘いましょう　②工賃は時間給で最低七五円を要求しましょう　③内職工賃はグループで交渉し、紙に書いて契約しましょう　④内職に税金をかけないよう要求しましょう　⑤地方・地域で内職大会をひらきましょう　⑥内職友の会組織をつくりましょう　⑦政府に家内労働法制定を要求しましょう

ＮＨＫ番組「こんにちは奥さん」に一三名が出演して内職の実態と問題点を訴えた。

工賃値上げ要求金額を明確に打ち出し、主婦の会の「内職実態調査」とともに、家内労働法

制定要求を含めて、マスメディア報道も注目するようになった。

第四回内職大会（一九六八年二月一七〜一八日　社会文化会館）

・「泣き言から権利要求へ」の性格を明確に打ち出すとともに、第一日目を総評の「最賃制確立・家内労働法制定全国集会」として開催して合流し、第二日目を「第四回内職大会」として開催し、最低工賃一時間九〇円を、68春闘要求に位置づけた。のべ七〇〇名結集。

・この年から**「パート」分科会**を設置した。パートの一方的解雇無効判決を勝ち取った（一九六七年一二月一九日　東京地裁　春風堂事件）野添さんを招いて勝訴報告を受け、パート労働者の権利について学んだ。

家内労働法制定実現——家内労働行政の拡充を迫る

一九六九年二月に、労働省が「家内労働法案」要綱を発表して、翌七〇年五月一六日に「家内労働法」が制定された（一〇月一日施行）。

まさに、主婦の会の内職運動が世論と政府を動かしたといえる。

法施行時の一〇月一日に、家内労働審議会委員・家内労働部会委員に全国で主婦の会から一六名が任命された（その後も増え続けた）。

第六回内職大会（一九七〇年二月一八〜一九日　国労会館　三五〇名）では、従来の要求に、「委託者の負担で労災保険を適用せよ」、「工賃遅欠配は国と地方自治体で保障せよ」を加えて、内職労働者の要求をより具体化し、家内労働手帳の普及など、家内労働行政の拡充を求める運動へと進展させた。

内職収入への課税については、毎回零細な収入への不安・怒りから「内職に税金をかけるな」を訴えていたが、第八回大会頃より、内職を給与所得税扱いとして課税最低限度額の引き上げ要求へと緻密《ちみつ》化した。時間給についても、最低賃金とのからみで割り出して、内職とパート同額を要求していたが、**一三回大会**（一九七七年）より、内職工賃に必要経費三〇％を含めて四五五円、パート三五〇円というように、要求額を提起した。

内職者の組織化をめざして

内職者の組織化の方向についても、第四回内職大会（一九六八年）で、東京サンダル工組合、京都亀岡内職友の会の報告を受けて、学んでいる。前者は、一九五八年頃、家内労働のヘップサンダル工に、ゴムのりの有機溶剤中毒による再生不良性貧血が大量に発生して社会問題化し、急きょ、有機溶剤中毒予防規則が定められたが、内職者といえども、労働安全衛生への配慮義務と従事者の団結の重要さについて学んだ。ヘップサンダル工は、専業家内工業的であるのに対して、内職主婦を組織しているのが後者で、「グループで仕事しましょう」を典型化した成功例といえる、業者への交渉、内職行政への働きかけなど、地域に根づいた先駆的な実践例に学んだ。

「内職・パート大会」へ名称変更

第一二回（一九七六年二月二六～二七日　国労会館）より、「内職・パート大会」の名称へ。都市部では内職が減り、内職よりは割のいいパートへ移行する会員が増える傾向に拍車がかかり、大会の名称も内実を反映して進展させた。

一九七三（昭和四八）年に経済審議会答申が、中高年主婦労働力を「戦力としての近代的パート」と打ち出したように、雇用労働の底辺にあり、現在も非正規労働の典型であるパート労働に対する労働側の対応が求められてきた。**第七回大会**（一九七一年）では、化学同盟富岡光学と全金精工舎のパート実態調査と先進的な取り組み報告を受けているように、労働組合本体の取り組みに注目している。

男女平等の労働権を打ち出し、総評運動のパート問題の取り組みに反映

第一四回内職・パート大会（一九七八年三月七～八日　オリンピック総合センター）では、一九七五（昭和五〇）年の国際婦人年、七六年からの「国連婦人の十年」運動を受けて、「男女平等と労働権確立をめざす」を打ち出した。

山野和子総評婦対部長が基調講演をし、婦人組合員を組織する婦人局方針と主婦の会がめざす方向が同一基調となる。

内職・パート大会は、第二〇回（一九八四年三月一五～一六日　総評会館）まで続け、八五年からは最賃闘争の一環として、総評の「家内労働対策を強化する全国集会」（一九八九年第五回まで）へ進展していく。

総評のパート対策は、八六年に「第1回パートタイマー全国交流集会」を開催し、解散の八九年まで春闘時に開催し、各地方から当事者が参加できる手だてを工夫して、地方の取り組みからこの交流集会への結集と、全国のパート労働者へのアピールを行った。総評は「パート春闘」と位置づけて「パート一一〇番」活動の充実と強化を打ち出す。

「内職・パート大会」運動の歴史的役割

主婦の会が毎年行った「内職実態調査」は、劣悪な工賃の実態を告発し、どこにも明らかにされていない実際の数字を社会的に明らかにし、また調査自体が自らの労働を対象化する過程でもあった。

当初は内職＝家内労働が「雇用労働」とどう違うのか、「委託」という契約行為において、委託者の配慮義務とは、受託する側の権利とは、そしてその工賃収入に対する税制度の仕組みとは……と、「内職大会」の会を重ねるごとに、学び要求する、進展過程だった。主婦の会の「内職大会」（後半は「内職・パート大会」）のスタートは、「内職のいらぬくらしだ賃上げだ！」だった（一九六五年）。このスローガン自体は、総評の賃金闘争方針にそった、夫の賃金で家族を養うという家族賃金イデオロギーに基づくものである。

おりしも、総評婦人対策部では、60年春闘を前に、「賃金の男女格差撤廃」を春闘の柱に取り上げられるよう春闘共闘委員会に申し入れしたが、**問題にされず**（ゴシック引用者）、自らの力量と発言力を地方段階から強めようと、一九六一（昭和三六）年から「春闘婦人ブロック討論集会」を毎年開催するようになり（『総評婦人二十五年の歴史』労働教育センター一九七六年）、『月刊総評』婦人問題特集号で、六五年・七一年・七三年連続で婦人の賃金と春闘についての竹中恵美子大阪市大教授の論文を掲載した。

「女性の低賃金の根源は、労働力再生産を家庭の中の女性の無償労働によって行うことにあり、この資本制生産方式が家父長制と結合している」「男女同一労働同一賃金への闘いは、個々の職場にあらわれる差別賃金体系に対する闘いとともに、企業の枠をこえた組織と統一的労働運動によって、婦人の低賃金職種の熟練度に見合った社会的基準をうちたてるための運動が強く進められなければならない」等。

（この竹中論文自体も総評の賃金方針の主流とは違ったが、女性への賃金差別の本質と仕組みが明確に分析されているので、あえて総評婦人対策部は連続掲載しているという、興味深い事実を注視したい)。

結果として「賃金の男女格差撤廃」のスローガンは、三年後の63春闘の統一要求に掲げられることになった。

主婦の会の当初のスローガンと、婦人対策部の方針との比較は、対立するものとしてとらえるのではなく、主婦の会が「お父さんの賃上げ」支援部隊にとどまらず、「働く主婦」としての当事者要求を掲げる「内職・パート大会」に取り組んでいく過程を、運動の発展としてとらえたい。その過程は第二回大会スローガンからすでに始まっている。

そして、一九七六年からの「国連婦人の十年」運動の高揚を受けて、「第一四回内職・パート大会」(一九七八年)で、「男女平等と労働権確立をめざす」をストレートに掲げるにいたって、女性組合員を組織する「総評婦人局(総評婦人対策部は一九七八年七月に婦人局となった)」と同一基調となる。その傾向は、八〇年代の婦人局の男女雇用平等法制定運動において、いっそう明確になる。

主婦の会の「内職大会」五年目にして「家内労働法」制定が実現した。底辺労働で問題視されてこなかった「家内労働」の問題を、当事者の声としてクローズアップし、社会的要求に押し上げていった役割は大きい。

その先進例として、福岡県評主婦の会では、第四回福岡県内職・パート大会（一九七一年）で「内職パート友の会」を結成して、当事者運動の組織化に着手している（「総評主婦の会」新聞一一四号）。山形県労評主婦の会の取り組みは前章に記述。

さらに、雇用労働の底辺にあり、現在も非正規労働の典型である「パート問題」は、七三年のオイルショック時に、経済審議会答申が「戦力としての近代的パート」を提起しているように、対する労働側の対応が求められていたが、当事者の声が組織化できないジレンマがあった。主婦の会の取り組みは、パートタイマー当事者としての発言を社会問題化していく大きな役割を果たした。

八一年に東京葛飾区労協の「パート一一〇番運動」を皮切りに、総評は冊子「パートタイマーの組織化によせて」を発表し、八五年一一月時点では、二三都道府県一〇七地区労が「パート一一〇番運動」実施という蓄積のなかで、総評主催の「パートタイマー全国交流集会」が八四年に開催されるにいたり、八九年解散まで続いた。

パートタイマー当事者自身の立ち上がりと組織化は、総評解散後、裁判闘争などに立ち上がった人々とそれを支援する人々や、全国のコミュニティ・ユニオンなどの地を這うような取り組みによって進められていった。

（8）財政の自立

主婦の会が労働組合から名実ともに自立するためには、自前《じまえ》の活動資金をつくりだす必要性が、結成大会議事録でも強調されている。第一回準備会資料によると、労働組合から活動費の半額補助を受け、半額は会費で補っているところと、会費を徴集せず、全部労働組合におんぶしているところと、その比率は半々の状態であると述べられている。

自前の財政をもつために、さまざまな工夫が例示されている。結婚式の貸衣装が大変高いので、主婦の会で貸衣装を始めたという秋田の国鉄家族会、労働組合婦人部と共同出資でパーマネントの店を開いてどんどん発展させている国鉄篠ノ井分会の家族会の例や、ごく稀な例として会社の食堂や売店の運営を主婦の会で引き受けているところや、社宅の新聞配達を一括して主婦の会が引き受けているなど、創意工夫がなされている。ハイム化粧品の斡旋による還元金をはじめ、物資斡旋・共同購入などは、どこの組織でも共通の取り組みだが、財政の自立はつねに掲げながらも、困難な課題であった。

(9) その他の特徴的な運動

右記に記述したのは、主婦の会が全国運動として展開したことの一部にすぎないが、総評主婦の会の強みは、暮らしのなかから生まれる要求を、企業の枠を越えて地域に根ざしてつないでいくところにあった。その要求を掘り起こしつないでいく役割を、総評が配置した主婦の会オルグが担った。

総評が中軸となって形成した「平和と民主主義」の国民的世論といくつものカンパニアは、地域において、誠実な実践者であった主婦の会も、その重要な推進者であった。

前章において山形の柏倉正子オルグが語っているように、日教組の民主教育の実践活動が地域の争議や親たちと結びついたときの感動は、今こそその意義を強調したい。

また、岐阜の中村征子オルグが語るように、「主婦の会があったときは、今のような社会は許さなかったように思う。家族という小集団の中で、社会の問題や反戦・平和の話ができる。たとえば、『警察に就職させない、組合のない事業所には子どもを就職させない、結婚させない』を合言葉にしていた。

一人ひとりの生き方まで話し合えたし、主婦の会活動では、おかしいことはおかしいとはっきりいう、地域では〝うるさ型〟を育てたように思う」と。

そして主婦の会の日常的な活動が、集中的に実を結ぶのは、選挙活動だった。東京の古井芳江オルグが語るように、東京地評主婦の会から区会議員・市会議員九名が誕生している。また、岐阜の中村オルグが語るように、神岡鉱山での町長選挙勝利で主婦の会が果たした役割など、全国的にも数多くの実例がある。

総評主婦の会「内職・パート大会」の歩み
春闘共闘委員会・総評と共同開催

回	時・所・参加者	スローガン・申し合わせ	その他の特徴
1回	1965.2.17 全電通会館 500名	内職のいらぬくらしだ賃上げだ！ 家内労働法をつくろう！	内職製品100点展示 労働省へデモ
2回	1966.2.28 久保講堂 36都道府県 1000名	父さん賃上げ　母さん工賃引上げ ①紙に書いて契約しましょう②グループで仕事しましょう③安い内職はやめましょう④家内労働法制定の署名をしましょう⑤地域で内職大会をひらきましょう	大幅賃上げ・物価値上げ反対の替え歌発表
3回	1967.3.9～10 山手教会 596名 （3分の2は地方からの参加）	•お父さんと一緒に大幅賃上げを闘いましよう •工賃は時間給で最低75円を要求しましょう •内職工賃はグループで交渉し、紙に書いて契約しましょう 分科会：①内職と組織づくり②内職の工賃と労働条件③内職と保健・育児・子供の教育④パート分科会を新設	NHK番組「こんにちわ奥さん」で13名が内職問題を訴えた
4回	1968.2.17～18 社会文化会館 のべ700名	•「泣き言から権利要求へ」•労働省へ家内労働法についての要望 •時給90円要求を申し合わせ パートの一方的解雇無効判決をかちとった（春風堂事件）野添さんから勝訴報告を受ける •東京サンダル工組合、京都亀岡内職友の会の報告	総評の最賃全国活動者集会と合同開催

5回	1969.2.14 ～ 15 農協ビル 440名	・内職なしで暮らせる大幅賃上げ10,000円はギリギリです ・内職工賃時給100円に引き上げよう ・内職者の権利を守る家内労働法をつくれ	2日目を家内労働法確立全国集会 最賃月2万円から工賃時給100円を割り出す
6回	1970.2.18 ～ 19 国労会館 350名	①内職工賃1時間最低150円以上に引き上げよ ②内職に税金をかけるな ③国と地方自治体は健康診断を無料でおこなえ ④委託者の負担で労災保険を適用せよ ⑤工賃遅欠配は国と地方自治体で保障せよ	大会終了後デモ行進 最賃月3万円から工賃時給150円を割出す 5.16家内労働法公布 10.1施行
7回	1971.2.18 ～ 19 都勤労福祉会館 35都道府県 293名	・内職工賃150円　パート時給200円以上を要求 •15,000円賃上げ、全国一律最賃30,000円要求 ・内職に税金をかけるな　•1.20総評家内労働法研究集会 ・各県内職大会　21県開催／主婦の会選出家内労働審議員・部会委員全国で19名	化学同盟富岡光学・全金精工舎からパート実態調査と取り組み報告を受ける
8回	1972.2.15 ～ 16 都勤労福祉会館	・内職工賃200円　パート時給200円以上を要求 •15,000円賃上げ、全国一律最賃35,000円要求 ・内職と税金の関係「給与所得扱い」の要求提起	8年のあゆみ構成劇 家内労働法の完全実施 家内労働手帳・安全衛生管理の周知徹底

9回	1973.2.20～21 互助会館 430名	・2万円賃上げ4万円最賃、内職・パート時給200円に ・内職課税限度額23万円に ・内職者に労災法の適用を　・国鉄運賃・諸物価値上げ反対　年金・医療の確立を	全国各地で「狂乱物価」・商社抗議行動盛り上がる
10回	1974.3.6～7 全電通会館	・3～4万円の賃上げ要求 ・時給最低300円　最賃6万円要求 内職運動10年の歩みの成果と反省に立って、問題点をさらに掘り起こすことを確認	**「国民春闘」**宣言 インフレ・物価高騰・モノ不足で生活危機への怒りの中で開催
11回	1975.2.17～18 全逓会館	運動目標 ①内職・パート時給350円以上要求 ②家内労働法の周知徹底 ③安全衛生に向けて設備・労災の企業保障 ④内職者・パートタイマーの組織化　パートタイマーは労働組合と連携して労働条件向上を ⑤「内職に税金をかけるな」を基本に、所得税・地方税の課税最低限度の引き上げ要求	国際婦人年

12回	1976.2.26～27 国労会館	この年から**「内職・パート大会」に名称変更** 「働く主婦」の位置づけを強く打ち出す •内職パートの時給350円以上要求　従来の要求に加えて •全県に家内労働審議会を設置し、主婦代表を審議委員に入れろ　•手帳所持者にメリットを付与するよう労働省に要求	国連婦人の十年開始 インフレ・高物価に対する怒りを結集 76春闘第5波統一行動 史上初のゼネスト520万人
13回	1977.2.22～23 全電通会館	•内職工賃時給455円(必要経費30%を含む）パート350円以上要求（時給要求に差をつける） •1兆円減税要求	労働省・経企庁・官房長官交渉
14回	1978.3.7～8 オリンピック総合センター 500名 3.9　代表による労働省交渉	**「男女平等と労働権確立をめざす」**を打ち出す 基調講演　山野和子総評婦対部長 5.10　家内労働旬間に全国統一労基局要求行動を指示→　6.7 労働省家内労働室長交渉	労基法研究会（労相私的諮問機関）が女子の保護規定見直し提言
15回	1979.3.10～11 オリンピック総合センター	家内労働問題で労働省交渉　9ブロック11単産参加	12月国連 婦人差別撤廃条約採択
16回	1980.2.23～24 南部労政会館	講演「婦人の権利について」山野和子総評婦人局長 5.9　家内労働問題で労働省交渉	国連婦人の10年中間年 日本政府婦人差別撤廃条約に署名

17回	1981.3.14～15 文京区区民センター	労働省交渉 2.3　家内労働行政の学習会 4.2～3「物価抑制、賃上げ要求満額獲得」生活を守る主婦の中央行動省庁交渉等に170名参加 5.22 中央学習会のテーマパート問題について	第2臨時行政調査会 7月中間答申
18回	1982.3.13 南部労政会館	1兆円減税要求を前面に 2.17～18　主婦の会1兆円減税要請行動	5年連続所得減税据え置き
19回	1983.3.11～12 日本教育会館	＊家内労働最低工賃の改定と新設の促進 ＊パート問題　働く側の意識改革を	第2臨調→行革審へ 11～12雇用平等法要求中央行動2カ月間座り込み
20回	1984.3.15～16 総評会館	家内労働は地方で日常的運動づくりを パートは当面ゆるやかな組織づくりを	5.14 男女雇用均等法案上程 11.17 職安審：パートタイム労働対策要綱発表
	◆総評主婦の会の「内職・パート大会」は20回まで開催し、1985年からは、総評の最賃闘争の一環として、「家内労働対策を強化する全国集会」へ進展し、総評解散の89年第5回まで開催。 ◆総評パート対策としては、1986.2.3～4に「第1回パートタイマー全国交流集会」（於 総評会館）を開催し、「パート春闘」と位置づけて「パート110番」活動の充実と強化を打ち出した。交流集会は、総評解散の1989年まで春闘時に開催し、当事者が参加できる手立てを工夫して、地方の取り組みからこの交流集会への結集と、全国のパート労働者へのアピールを行った。		

（内職大会記録『総評主婦の会二〇年譜』『同三〇年譜』をもとに伍賀偕子作成）

参考文献

- 『オルグ』（日本労働組合総評議会編　労働教育センター　一九七六）
- 総評大会各年次議案書・報告書　『月刊総評』とくに解散時の諸論文
- 総評主婦の会各年次大会議案書　機関紙「総評主婦の会」
- 『総評主婦の会二〇年譜』『総評主婦の会三〇年譜』　解散時の総括的文書は存在しない
- 『月刊総評』婦人問題特集号（毎年春）
- 『総評婦人二十五年の歴史』（日本労働組合総評議会婦人対策部　労働教育センター　一九七六）
- 藤田若雄・塩田庄兵衛編著『戦後日本の労働争議』（御茶の水書房　一九六三）
- 藤田若雄『労働組合の組織と運営』第三章六　家族組合（講座労働問題と労働法第1巻　野村平爾　弘文堂　一九七五）
- 野村かつ子『消費者運動・88年の歩み』（おもだかブックス　一九九五）
- 野村かつ子『よき師　よき友に導かれて　一九九九～二〇〇三』（おもだかブックス　二〇〇三）、『同』（二〇〇五）
- 篠田徹「公益的労働運動とは――総評労働運動という経験」（『東日本大震災後の公益

学と労働組合』文眞堂　二〇一四）、「心をつくる労働運動――次世代日本を見晴《みはる》かし」（DIO　連合総研月刊レポート　No.280　二〇一三年三月）
●『竹中恵美子著作集』Ⅳ　女性の賃金問題とジェンダー（明石書店　二〇一二）
●『竹中恵美子著作集』Ⅶ　現代フェミニズムと労働論（明石書店　二〇一一）
●山田和代「労働組合における2つの女性組織の位相――一九六〇年代の総評にみるその組織化と『賃金問題』」（東海ジェンダー研究所『ジェンダー研究』第2号　一九九九・一二）
●山田和代「労働組合の主婦組織と『内職問題』――一九六〇年代『総評主婦の会』の活動から」（筑波大学経済学論集40・41合併号　二〇〇〇）
●『女たちの合成洗剤追放運動　一九六〇年代～一九七〇年代を振り返って』（座談会参加者一同　二〇一〇年三月）
●山崎憲『「働くこと」を問い直す』（岩波新書　二〇一四）

結びにかえて

一九八九（昭和六四）年の総評解散と同時に「総評主婦の会」も解散した（部分的に単産や単組で、家族会が親睦的組織として存在しているところもあるが）。ちなみに、解散直前の一九八七年の主婦の会は、一一単産四四県評で組織されていた。

あくまで総評の〝補助的組織〟として結成されたのだから、解散時に自立した動きはなく、八九年九月四日に「第30回定期大会」と記念レセプションを開いて解散している。解散にあたって、『総評主婦の会三〇年譜』を発行した。

この点では、専門部の婦人局も同様、総評解散についての討議は独自には行われなかった。

総評主婦の会結成の位置づけは、総評の年次資料を追って記述した通り、「労働組合運動と国民的共闘の結節点」（＝結び日）の役割、いわば労働組合運動のすそ野を広げる役割だった。総評労働運動が、戦後日本の平和と民主主義形成の中軸的役割を果したとするなら、組合員の家族（主婦）で構成した「総評主婦の会」の活動軌跡は、総評の国民的影響力を高める重要な礎《いしずえ》であったといえるのではないだろうか。

そこで展開された生活者としての要求と地域に根ざした運動を、今、労働運動はどのような運動形態によって継承するのか、労働組合自身がどう変わらねばならないのかが提起されているように思う。

総評主婦の会は、総評の位置づけが若干利用主義的であれ、その意図を超えて、自らの要求にもとづく運動のなかで、労働組合運動支援の立場から「当事者運動の主体」として成長した。それは、「内職・パート大会」運動の過程で検証したように、「働く主婦」としての要求を掲げて取り組むことによって拓かれたといえる。福岡や山形では、「内職・パート友の会」を主婦の会のまわりにつくり、当事者独自の運動が芽吹きつつあった。

その運動は、家族をもつこともできない非正規・低賃金労働者が増える一方の今、労働運動が果たすべき役割を示唆しているといえるのではないだろうか。

総評の「オルグ制度」が未組織労働者の組織化と中小企業労働運動、労働運動のすそ野を広げ、総評の国民的影響力を広げたことは間違いない。大単産の資金カンパによるオルグ制度の創出は相当難産のようであったが、冒頭にあげた『オルグ』の書のなかで、清水慎三氏は、このオルグ制度について「上から企業別に、そして多分に体制支配層の協力または黙認の下にはじまった戦後型労働運動の本隊とは異質の取組みを要する」ものであると、期待を含めて述べている。このオルグ制度とオルグ集団が、日本の労働運動のなかで果たした役割を検証することは、筆者の手に余るが、本書で聞き書きを中心に記述した総評主婦の会オルグ・婦人対策オルグの活動が果たした役割を歴史に刻みたいという願いと目的を、少しは果たせただろうか。

『月刊総評』最終号（一九八九年八月）では、「総評労働運動総括の視点」が特集され、優れた研究者論文がいくつか掲載されている。総評労働運動が戦後運動史において果たした役割が挙げられており、いずれも学びの多い共感できる内容である。

なかでも、総評に対して大きな発言力と影響力があった清水慎三氏（最終号では評論家とされている）の「総評遺産とは――その歴史性と一般性」は、四半世紀後の今読んでも、歴史の検証としてだけでなく、労働運動のナショナルセンターに求められる重要な内容を提起している。論文では、総評運動を「特殊戦後日本性に解消すべきでない」「労働組合が本来追求すべき一般的課題への積極的な接近意欲が読みとれる」「一般性豊かな総評遺産」と規定している。

解散から四半世紀たった総評運動をふりかえることに、その現代的意義についていささかの躊躇があったが、この「一般性豊かな総評遺産」の規定に示唆を得て、本書をもって歴史の一頁を紡いでみた。

だが、これらいずれの論文にも、総評主婦の会や婦人部運動についての言及はいっさいない。労働運動フェミニズムの視点からみた、労働組合運動と主婦の会・家族会の活動と、主婦の会オルグ制度の役割を検証する一助になればと願うところである。

また、篠田徹論文「公益的労働運動とは——総評労働運動という経験」(『東日本大震災後の公益学と労働組合』文眞堂　二〇一四年)「心をつくる労働運動——次世代日本を見晴《みはる》かし」(DIO　連合総研月刊レポート　№280　二〇一三年三月)によって、重要な示唆を得た。ここで得た視点から、今後、本書の記録をより深堀りして、一般化していきたいと思っている。

本書は、公益財団法人　大阪社会運動協会が主催する「講座　大阪社会労働運動史(第二期)」の終了レポートとして提出したものを、より広い人たちに共有していただけるように、読みやすく再構成したものである。

この講座を通してご教示くださった講師の篠田徹先生、私が女性労働運動に携わるようになってから、ずっとご指導いただいてきた竹中恵美子先生のお励ましと身にあまる「推薦のことば」に対して、心からお礼申し上げます。

資料検索にあたっては、「働く人々の歴史を未来に伝える図書館　大阪産業労働資料館　エル・ライブラリー」(公益財団法人　大阪社会運動協会が設置運営)で、いつでも貴重な資料を活用させてもらい、豊かなキャリアをお持ちの谷合佳代子館長・千本沢子館長補佐の適切で、きめ細やかなアドバイスをいただいたことに感謝しています。

また、労働政策研究・研修機構労働図書館には、総評主婦の会の各年次大会議案書や「内職・パート大会」資料、そして、「総評主婦の会」新聞がすべて揃っていて、破れそうな貴重な第一次資料にすっかりはまってしまい、大変お世話になったこともお礼申し上げます。

そして何よりも、主婦の会オルグの記録を刻みたいという私の願いを聞き入れてくださって、聞き書きに応じ、拙い表現や、掘り下げの足りない記述にもご了解くださった、元オルグの皆さまに衷心よりお礼申し上げます。

故野村かつ子様の長女・徳座晃子様には写真の掲載など、ご快諾いただき感謝申し上げます。

最後に、今回もドメス出版のお世話になりました。ふりかえれば、佐多稲子様から、鹿島光代編集長をご紹介いただき、私の初めての聞き書き『自由と解放へのあゆみ　松本貝枝《かずえ》聞き書き』（一九八〇年）を出版して以来、何冊もの出版のお世話になってきました。本書も懇切丁寧な編集者矢野操様にご苦労をおかけしましたことに、心から感謝申し上げます。

二〇一六年二月末日

伍賀　偕子

伍賀　偕子（ごか　ともこ）

1942 年　大阪市大正区に生まれる
1966 年　大阪市立大学文学部（哲学専攻）卒業

職歴
1966 年　大阪総評（日本労働組合総評議会大阪地方評議会）に就職し、女性運動オルグ・国民運動を担当
1989 年　総評解散・労働戦線再編にともない、連合大阪に移籍、定年まで政策スタッフ
2002 年　財団法人　大阪社会運動協会専務理事
2006 年　同協会を退職、現在ボランティア・スタッフとして活動

主な活動と著書
　1977 年　関西女の労働問題研究会（女労研／結成時は関西婦人労働問題研究会）を結成、事務局長に就き（初代代表　山本まき子）、1992 年から解散まで代表。講座・シンポジウム・出版活動など、35 年間の活動を終えて、学習機能は「フォーラム　労働・社会政策・ジェンダー」に結集し、親睦会として、「竹の会」の２つに改組。

著　書『次代を拓く女たちの運動史』（松香堂書店　2002）
『敗戦直後を切り拓いた働く女性たち「勤労婦人聯盟」と「きらく会」の絆』（ドメス出版　2014）

共　著『大阪社会労働運動史』第５・７・８巻（大阪社会運動協会編）／『大交五十年史』（大阪交通労働組合編）／『大阪―むかし・いま・みらい』（大阪市立大学文化交流センター専門家講座企画委員会編　東方出版　1992）／『日本における女性と経済学―1910 年代の黎明期から現代へ』第８章（栗田啓子・松野尾裕・生垣琴絵編著　北海道大学出版会　2016）

聞き書き編纂活動
『自由と解放へのあゆみ　松本員枝聞き書き』／『おもしろかってんよ　飯田しづえさんの八十三年を聞く』（以上、ドメス出版）

関西女の労働問題研究会とともに編纂した本
『ゼミナール女の労働』／『ゼミナール男女共生社会の社会保障ビジョン』／『ゼミナール共生・衡平・自律―21 世紀の女の労働と社会システム』／『竹中恵美子が語る「労働とジェンダー」』／『竹中恵美子の女性労働研究 50 年―理論と運動の交流はどう紡がれたか』（以上、ドメス出版）／『次代を紡ぐ　聞き書き―働く女性の戦後史』（耕文社）／『働く女たちの記録　21 世紀へ―次代を紡ぐ（公募編）』（松香堂書店）

女・オルグ記　女性の自律と労働組合運動のすそ野を広げて

2016年 6月25日　第1刷発行
定価：本体1400円＋税

著　者　伍賀　偕子
発行者　佐久間光恵
発行所　株式会社 ドメス出版
東京都文京区白山3-2-4　〒112-0001
振替　00180-2-48766
電話　03-3811-5615
FAX　03-3811-5635

印刷・製本　株式会社 太平印刷社

ISBN978-4-8107-0824-0 C0036

伍賀偕子　敗戦直後を切り拓いた働く女性たち　「勤労婦人聯盟」と「きらく会」の絆　一二五〇円

竹中恵美子
関西女の労働問題研究会　竹中恵美子の女性労働研究50年　理論と運動の交流はどう紡がれたか　二三〇〇円

関西女の労働問題研究会
竹中恵美子ゼミ編集委員会編　竹中恵美子が語る「労働とジェンダー」　二〇〇〇円

関西女の労働問題研究会編　ゼミナール　共生・衡平・自律　21世紀の女の労働と社会システム　二〇〇〇円

関西女の労働問題研究会編　ゼミナール　男女共生社会の社会保障ビジョン　二〇〇〇円

松本員枝聞き書きの会編　自由と解放へのあゆみ　松本員枝　聞き書き　一三〇〇円

飯田しづえ聞き書きの会編　おもしろかってんよ　飯田しづえさんの八十三年を聞く　一八〇〇円

井上とし　鐘紡長浜高等学校の青春　二七〇〇円

塩沢美代子　語りつぎたいこと　年少女子労働の現場から　二二〇〇円

塩沢美代子　続　語りつぎたいこと　日本・アジアの片隅から　二五〇〇円

＊表示価格は、すべて本体価格です